麓山心理学文库

客观之路——

心理学主观范式与客观范式的历史反思

冯永辉 著

世界图书出版公司
广州·北京·上海·西安

图书在版编目（CIP）数据

客观之路：心理学主观范式与客观范式的历史反思 / 冯永辉著 .
—广州：世界图书出版广东有限公司，2017.11（2025.1重印）
ISBN 978-7-5192-3966-4

Ⅰ . ①客… Ⅱ . ①冯… Ⅲ . ①心理学—研究 Ⅳ .
① B84

中国版本图书馆 CIP 数据核字（2017）第 284066 号

书　　名	客观之路 ——心理学主观范式与客观范式的历史反思 KEGUAN ZHI LU —— XINLIXUE ZHUGUAN FANSHI YU KEGUAN FANSHI DE LISHI FANSI
著　　者	冯永辉
责任编辑	冯彦庄
装帧设计	汤　丽
出版发行	世界图书出版广东有限公司
地　　址	广州市海珠区新港西路大江冲 25 号
邮　　编	510300
电　　话	（020）84459702
网　　址	http：//www.gdst.com.cn/
邮　　箱	wpc_gdst@163.com
经　　销	新华书店
印　　刷	悦读天下（山东）印务有限公司
开　　本	787mm×1092mm　1/16
印　　张	11.5
字　　数	147 千字
版　　次	2017 年 11 月第 1 版　2025 年 1 月第 3 次印刷
国际书号	ISBN 978-7-5192-3966-4
定　　价	68.00 元

序言

心理学理论是指有关人的心理现象与行为的解释框架，是由一系列关于心理现象与行为的概念、规则、假设和原理构成的系统化的知识体系。心理学理论与其他学科的理论具有相同的特点，可以根据不同的假定和前提，从不同的角度加以分类。如按照理论的抽象程度与概括力大小分为大理论与小理论；按照理论的来源以及认识论前提分为经验的理论与非经验的理论；按照理论的哲学基础与研究方向分为科学主义的理论与人文科学的理论；按照理论的明晰度与解释力水平分为元水平的理论、假设水平的理论与数据水平的理论等。

心理学理论承担着说明心理事实的规律、解释心理事实的意义、预测心理事实的发生及反思理论与心理事实之间的关系的功能，同时还承担着评价理论能够说明、解释和预测心理事实的程度或水平的功能。心理学研究的最终目标就是构建用以说明、解释和预测心理事实及反思理论与心理事实之间关系的各种理论。换句话说，心理学理论是心理学研究的最终成果。无论是解决重大问题的系列研究还是基于具体事实的单个研究，最终都将以理论的形式呈现出来。

理论心理学是以各种心理学理论为研究对象的心理学分支学科。其主要研究任务有两个方面：一是元理论研究与实体理论建构。元理论研究理论的性质、理论的语义表达、理论的效度、理论力及其构成要素等问题，即“理论的理论研究”，发挥着理论的评价、反思功能。二是实体理论建构方面，涉及心理事实的模型、概念体系的建立以及心理事实之间的规律性联系等问题，即“心理事实的理论化”，发挥着理论的说明、解释与预测功能。

可见，心理学理论既是理论心理学研究的对象，也是理论心理学研究的最终表达形式。将心理学理论研究看成哲学家的工作内容，或将心理学理论研究视为纯粹的思辨，甚至将理论研究看作实证研究的对立面等，均是对心理学理论研究的误解。

客观性问题贯穿心理学研究的全过程，是理论心理学的重大理论问题之一，也是一百多年的心理学发展历程中心理学家们意欲解决却未曾解决好的理论问题。说它是重大理论问题，是因为无论是心理学的哲学基础、研究假设与研究路线，还是研究原则、研究方法与具体技术均与客观性问题相关。这样，对于客观性问题，我们既可以从本体论、认识论、方法论层面或心理学史的角度进行元理论研究，也可以在实体理论建构中从研究方法与技术的层面进行研究。

本书的主体是在我的博士论文基础上形成的，是从方法论层面通过梳理心理学史对心理学客观性问题的一些思考。附录为我在博士论文写作过程中围绕心理学客观性问题这一主题完成的三篇学术论文，其中《超越主观与客观的二分法——普特南哲学的心理学方法论蕴意》与《心理学知识观的重构：超越符合论与相对主义》是从普特南的实在论哲学的视角对心理学客观性问题的一些思考，而《从单线到多维——论西方心理学史研究视野的转变》则是我对心理学史研究能否达成客观性的问题的看法。将修改后的博士论文与这几篇文章编辑成书，是对我近年来进行心理学客观问题研究的阶段性总结。

本书的写作对我不是一件容易的事情，哲学思维方式的欠缺让我最初面对主客观问题时，犹如用一把不太锋利的杀鸡小刀去解牛，四处用力却难以找到要害，费了许多周折，也走了很多弯路。特别感谢我的导师彭运石教授指点迷津，耐心地引领我不断探索。还要感谢钟毅平教授、燕良轼教授、范晓玲教授传道授业，丁道群教授、周萍教授、史滋福教授、陈向阳副教授、周路平副教授、陈君副教授、宋明老师、周莹老师、雷伶老师等对我的关心和指导，刘要悟教授给予鼓励，我的同学张伯邑、莫文、刘邦春、肖丽辉及同门师兄弟、师姐师妹们给予我很多帮助，在此一并表示感谢！感谢华中师范大学郭永玉教授、南京师范大学郭本禹教授，他们始终关注着我的成长。吉林大学王天成教授送给我他的著作，湖南大学舒远招教授、湖南师范大学龙佩林老师及华东师范大学颜青山教授对本书的写作提出了许多宝贵意见，使我受益匪浅。本书的写作参阅了很多文献资料，谨向这些文献的作者们致敬！

本书的出版最应该感谢的是我的家人，我的妻子刘语频女士承担了大部分的家中事务，我的父母、岳父母始终尽力在帮助我们这个小家庭。孩子就像天使一样，时时带给我快乐和安慰。记得撰写博士论文时，儿子刚刚出生，如今他已是一名小学生了，而此书定稿后不久，家里即将有新生命降临。

本书的出版还得益于湖南省重点学科——湖南师范大学心理学科的资金支持，在此表示感谢！

从迷茫到逐渐清晰，再到朦胧，让我充分体会到了理论心理学研究的难度和深度，也认识到了自己知识积累与思辨能力的不足。正因如此，书中难免未尽之言和不当之处，敬请指正。

冯永辉

2017 年 3 月于岳麓山

内容提要

心理学知识的客观性问题是心理学研究中的一个重大理论问题，心理学知识能否获得自然科学的客观性是心理学家们长期以来意欲解决却又始终未曾解决好的难题。西方心理学中对于这一问题的回答形成了两种不同的研究范式：主观范式与客观范式。前者认为心理学研究无须排除主观对象与主观方法便可以获得客观知识，后者认为心理学可以获得客观知识，但必须以排除主观对象与主观方法为前提。

持有主观范式的心理学家在本体论上承认存在着与自然物一样的主观世界以及意识或心理的实体，意识或心理是心理学的应有研究对象。在真理的客观性问题上，他们并不否认客观知识的存在，认为心理学可以获得客观真理。在方法论上，则保留了与主观研究对象——人的意识或心理相适应的主观研究方法。在他们看来，心理学知识可以获得客观性而无须排除主观对象与主观方法，主观方法不是心理学知识客观性的污染剂，反而是获得知识的重要途径之一。主观范式表现出两种不同的形态：心理主义主观范式和人文主义主观范式。人文主义主观范式又有三种不同形态：①人本学的主观范式；② 知识论的主观范式；③ 人本学与知识论相统一的主观范式。心理主义主观范式是持科学主义立场的心理学家包容主观对象与主观方法的结果，兼具科学主义与主观范式的特征。人本主义的世界观、直觉主义的研究路线、整体主义的研究原则、主观经验的研究方法则构成了人文主义主观范式的基本特征。

客观范式是持科学主义立场的心理学家排除主观对象与主观方法的结果。在本体论上，持有客观范式的心理学家否定意识或心理具有与自然物一样的实体性，认为心理学研究应以可观察、可证实的对象为限。在真理的客观性问题上，认为心理学研究可以获得符合论式的与客观事物完全一致的客观知识。而在方法论上，则主张客观主义的研究路线及“纯而又纯”的客观实证方法。客观范式主要表现出四种不同的形态：① 刺激—反应范式；② 中介变量范式；③ 信息加工范式；④ 认知神经范式。自然主义（或物理主义、机械主义）的世界观、逻辑主义的研究路线、还原主义的研究原则、客观实证的研究方法是客观范式的主要特征。

主观范式揭示了人的主体性、主观性与社会性，形成了与人的主观存在相适应的研究原则与研究方法，在克服客观范式之不足、实现心理学研究的完整性方面发挥了重大作用。客观范式则充分揭示了人的客体性、客观性与自然性，形成了与人的客观存在相适应的研究原则与研究方法，在心理学的科学化进程中发挥了重大作用。但无论主观范式还是客观范式，均是以“非此即彼”的二歧式思维方式来看待人、看待人的心理与行为的。正是对人的本性的片面理解，造成了心理学中许多本该统一的两面却相互对立。心理学的主题是人，心理学的使命是全面认识人及人的心理与行为的本质，因此，确立以对人及其本质的全面把握为基础的整合视野，是实现主观范式与客观范式整合的关键。

心理学的整合视野建立在对人的本质的全面把握基础上。人是在实践活动中生成的集自然性与社会性、主体性与客体性、主观性与客观性、现实性与历史性的辩证统一，人的本质是在实践活动中不断生成、丰富和发展的。心理学研究应以人的实践活动为基础，以对人的完整本性的追寻为使命。因而主观范式与客观范式的根本目标是一致的，二者均是对人的本质的合理见解，均有其各自发挥作用的空间。确立心理学的多元文化视角，确立心理学的人的科学观，在心理学研究的实践中达成主观与客观的辩证统一，是主观范式与客观范式整合的主要内容。

Abstract

The objective of psychological of knowledge is a major theoretical issue in psychological research, whether the psychological knowledge can get the objectivity of natural science is a difficult problem which psychologists have long intended to address but have not solved. There are two different answers about this problem in western psychology. One is subjective paradigm which think that the psychological research will be able to obtain objective knowledge without to exclude the subjective object and the subjective method. Another is objective paradigm which adhere that psychology can obtain objective knowledge by exclude the subjective object and the subjective method.

Psychologists which holds subjective paradigm recognize the existence of subjective world and the mental entity or entity of conciseness that psychology should study. They recognize the existence of objective knowledge and psychology can get the objective truth. They remains the subjective method which compatible with the subjective object. Psychology knowledge can get objective but not need to rule out subjective object and method. And subjective method is an important way of acquiring knowledge but not a pollution to the objective of psychology knowledge. Subjective paradigm showed two different forms: Psychologism subjective paradigm and humanism subjective paradigm. The humanism subjective paradigm have three different forms: ① Subjective Paradigm of human science; ② Subjective paradigm of the theory of knowledge; ③ Subjective paradigm of the unity of human science and the theory of knowledge. Psychologism subjective paradigm is the scientific stance psychologist inclusive of the results of the subjective object and the subjective method, it have the characteristics of both scientism and subjective paradigm. The basic characteristics of humanism subjective paradigm conclude humanistic view of the world, intuitionism line, the principle of holism, subjective research methods.

The objective paradigm is the results that scientism psychologist rule out the subjective object and the subjective method. Psychologist which holds objective paradigm deny the existence of consciousness of mental entity, thingk that the object of psychology study should limit to which can be observable and verifiable. They believe that psychology can get correspondence theory of knowledge by objective study line and methods. It have four different forms: ① stimulus—response paradigm, ② intervening variable paradigm, ③ information processing paradigm, ④ cognitive neuroscience Paradigm. The worldview of naturalism (or physicalism, mechanistic), logicism line, the principle of reductionism and objective empirical method is the main features of the objective paradigm.

Subjective paradigm revealed the subjectivity of human's existence, human's subjectivity and sociality, and formed a series principles and methods adapt to human's subjective existence, it played a major role on overcoming the lack of objective paradigm and achieve the integrity of psychological research. The objective paradigm fully revealed the objectivity of human's existence, human's objectivity and naturalness, and formed a series principles and methods adapt to reveal human' s objectivity, it played a major role on the scientific process of psychology. But whatever the subjective paradigm or objective paradigm, are all a dichotomous thinking style by either–or others views to look at human and their mind and behavior. The one–side understandings to human being resulted many of the opposing sides which should be unify. The theme of psychology is human being, the mission of psychology is fully understanding the essence of human and their mind and behavior, thus, the key to integrate this two paradigm is establishing integration horizon which based on a full comprehensive to human.

The integration horizon is based on the comprehensive of human' s nature. The human being is a unity which both have the natural and social, subjectivity and objectivity, reality and historical, is a "negative unity" melt many opposite poles of subjective and objective. And human nature is constantly generating, enriching and developing in practice. Psychology study should be based on the practice and to pursuit the human' s comprehensive nature. Standing the integration horizon, the subjective paradigm and objective paradigm is consistent with the goal of the study, both are the rational view to human nature, so they all has its own space to play. The integration of two paradigm conclude that establish the multi–cultural perspective of psychology, establish the view that psychology as a science of human being, and reached the dialectical unity of subjective and objective in the practice of psychology study.

目录

第一章　导　论

经过百年发展的心理学，枝繁叶茂，羽翼丰满，无论是在基础研究还是在应用研究方面，均积累了大量的研究资料，生成了大批的知识。但心理学的知识能否成为客观性知识，或者说，心理学的知识能不能获得自然科学的客观性这一心理学的基本理论问题却始终未能得到明确的回答，成为心理学家们意欲解决却又始终未曾解决好的难题。对这一问题的回答又不可避免地涉及心理学研究对象及其本质的探讨，以及对心理学研究假设、研究原则、研究途径与研究方法的思考，它还涉及心理学知识解释框架的确立与心理学理论体系的建构等问题。可以说，心理学知识能否成为客观性知识这个问题贯穿于心理学发展的方方面面，它不仅关系到心理学发展过程中对各家各派的评价与定位的重大理论问题，同时又关系到当代心理学的统一与整合的重大理论问题。因而，对心理学知识的客观性问题的研究具有重要的历史意义与现实价值。

围绕这一问题，西方心理学中出现了两种不同的研究范式：主观范式与客观范式。从表面上看，是否保留心理学的主观对象及与之相适应的主观研究方法，是两种研究范式的分歧所在。主张客观范式的心理学家认为心理学唯有排除主观对象及与之相适应的主观研究方法，才能获得客观知识。持有主观范式观点的心理学家则保留了涉嫌主观的研究对象，存留了与主观对象相适应的主观研究方法。意识心理学将意识作为研究对象，内省法作为主要方法，精神分析以无意识现象为研究对象，梦的分析为主要方法，人本主义心理学以需要、动机、价值等为主要对象，以内省、理解等为主要研究方法体现了主观范式的基本特征。而行为主义者将意识与内省法排除在心理学大门之外，以客观实证的研究方法专注于人和动物的行为的研究，信息加工心理学家将人等同于计算机，采用实验法对人的认知过程的研究，以及认知神经心理学借助生理学与脑科学的技术，对人的心理与行为机制的探讨则反映了客观范式的基本特征。

心理学能否获得客观知识，也引起了当代学者的关注。总体而言，这些研究主要从三个方面展开：

一是对于心理学能否研究主观对象、主观主题展开的研究。例如，Sperry（1988）分析了心灵主义范式（认知主义范式）的发展历程和其在科学与宗教之间所扮演的角色，以及发挥作用的范围。他认为，科学历来主张对脑功能和行为进行十分严格而客观地、价值中立地描述，这样就把对宗教而言至关重要的主观现象，例如，自由意志、自觉的目的、主观价值、道德等彻底排除。但这种不兼容性随后却不断被消解，这是因为心灵主义范式将之前所排除的主观心理状态合法化，并作为大脑过程的交互式新属性而成为不可排除的解释性结构。心灵主义范式调用因果控制的形式，转变了传统科学有关人类与非人类的描述，展现出一种综合了实证主义与现象学，为科学和宗教共同开放，并提供一致的自然基础的新基础哲学图景。新心灵主义世界观应是可以综合宏观与微观决定论，为所有科学提供更有效的决定论框架的。[①]Neill（2002）重点分析了心理学研究范式的发展历程。

---

① Sperry R W. Psychology's Mentalist Paradigm and the Religion/Science Tension [J]. American Psychologist，1988，43（8）：607-613.

指出库恩的范式理论适用于20世纪的心理学，在这一时期，心理学研究范式经历从结构内省到行为主义再到认知科学的转变。但具有启发意义的是，定量范式的缺点显而易见，新的研究范式，即所谓的大Q方法到了替换定量范式的时候，尽管它被心理学家们所接受尚有很大的困难。①

二是对于心理学应采用什么样的研究路线与研究原则进行的研究。例如，车文博（1997，2003）指出，主观经验范式与客观实验范式的对立反映了心理学中的科学主义与人文主义两种不同研究取向的对立，也反映了实证主义与现象学、存在主义两种不同心理学方法论范式的对立。在他看来，客观实验范式以科学主义为理论模型，以实证主义为哲学基础，它坚持价值中立说和方法中心论，对心理学摆脱哲学思辨从而成为一门独立的科学有重大贡献。但它却抹杀了心理学的社会历史性及文化科学的内涵，特别是心理学的人学性质。从而使得“人的心理学”被“物化心理学”所取代，当代心理学陷入了还原主义和客观主义的境地。而主观经验范式突出了心理的主观性、内在性、整体性、本真性、能动性、开放性和直觉性，使得心理学摆脱了生物还原论和机械决定论的羁绊，促进了心理学向人学的复归。但主观经验范式却面临模糊性与缺乏实证的弊端。当代美国人本主义心理学家试图超越主客观两种范式的对立，实现心理学方法论的整合他们力图将现象学、存在主义引入到实证主义中，并加以折中和拼合，虽有整合两种研究范式的新构想，但缺乏正确的理论指导，最终使得他们关于两种范式的整合，成为以主观经验范式（现象学）为核心和主导，以客观实验范式（实证主义）为手段和补充的融合。② 彭运石（2000，2002，

① Neill P O. Tectonic Change: The Qualitative Paradigm in Psychology [J].Canadian Psychology, 2002, 43 (3): 190-194.

② 车文博.人本主义心理学评价新探[J].心理学探新，1997（1）：4-14；客观实验范式与主观经验范式的整合——当代西方心理学理论范式发展的走向[J].自然辩证法研究，2003，19（5）：1-6.

2004，2009）则指出，心理学中出现了两种不同的心理学方法论：科学主义心理学方法论与人文科学心理学方法论。前者主张心理学的客观范式，即坚持客观性是科学的唯一尺度，把发现客观真理当作科学的唯一追求。即便以心理、意识等为研究对象，也应从可观察、可操作的外部刺激、外显行为入手。在研究方法上，应采取客观实证、价值中立、感情超脱的立场，运用客观的研究方法与程序。认为心理学的知识应该尽可能剔除个人的成见，消除价值、感情，成为“客观知识”。心理学理论的表述则应采取公式、定律、定理等形式。后者主张主观范式，认为心理学的知识不可能达到自然科学的客观性，而是具有主观性、历史性、相对性特点。因而，目的、价值以至人的整个的精神生活可以成为心理学的对象。从价值的观点选择自己的事实并形成自己的问题，是心理学研究应有的立场。内省、直觉、体验、理解、解释等可以成为心理学的基本方法。此后，他又分析了主观范式与客观范式的整合问题。他指出，无论是客观范式还是主观范式，均是从“非此即彼”的二歧视野出发的，唯有立足于心理学的整合视野，才能确立与人的本性相适应的心理学方法论，实现两种范式的真正统一。①

三是从方法论角度就心理学应采用何种研究方法展开的。例如，Lieberman（1989）就精神学理论与实践领域的自然科学倾向进行了详细地分析，在他看来，心理状态具有主观性与个体性，并且，用以表达思想的词总是指向我们思想之外的事物，这就决定了以严格的检验假设、客观的实验和数量化为特征的客观方法并不能揭示人的心理状态的全部特征，也就不能理解人的全部精神生活。精神病学对人的心理状态和精神生活的研究与实践需要另一种互补的或者某种情况下可以代替客观研究方法的主观方法：表达和释义。并且，在病患之间，移情理解和感情投入是十分必要

① 彭运石．人的消解与重构［D］．长春：吉林大学，2000；人的消解与重构——西方心理学方法论研究［M］．长沙：湖南教育出版社，2009：53.

的。[1]Wertz（2005）讨论了现象学方法在咨询心理学中的重要价值，指出现象学方法是心理学中的定性方法。定性方法的发展经历了比较长的时间，弗洛伊德对梦的解析，詹姆斯对宗教经验的分析都是这一方法的早期雏形，但他们的研究缺乏科学概念的支持，没有规范的方法体系及严格的方法论。20 世纪 30 年代后，定性方法广泛运用于社会科学中，1942 年被奥尔波特引入心理学中。到了 20 世纪 70 年代，心理学家们开始从这一方法及其方法论体系中广泛受益。现象学方法是在人本主义心理学家吉尔吉领导下在心理学中得以发展的，较之于实证方法、建构论方法和相对论方法，现象学方法更热情，更容易被接受，心理事实的意义与主观性能够被充分地揭示。[2]Kendler（2005）比较详尽地分析了心理学与现象学的关系，重点讨论了现象学方法在道德领域的意义和价值。他指出，当代心理学就观察意识的恰当方法与内在经验在心理学理论化中所起的作用问题的剧烈争论，反映出心理学的自然科学取向与人文科学取向在方法论上的差异。人本主义心理学与哲学现象学是人文科学的心理学研究，追求的是根据一个人的主观存在来解释他的行为。马斯洛和海德格尔致力于这样的道德价值论研究，即生命应当如何度过。自然科学方法论拒绝可验证的道义责任的可能性，而人文科学方法论允许以现象学的信念去判断有关充实的生活与一个美好社会的建议。心理学的社会作用是在现象学信念与科学真理的框架下作出分析。叶浩生（1998）就心理学发展中的客观主义原则进行了研究，指出客观主义是整合心理学的障碍之一，也是造成心理学支离破碎、缺乏统一的理论框架的主要原因之一。其最直接的恶果是缩小了心理学的研究

---

① Lieberman P B. Objective 'Methods and Subjective' Experiences [J]. Schizophrenia Bulletin, 1989, 15 (2): 267-275.

② Wertz F J. Phenomenological Research Methods for Counseling Psychology [J]. Journal of Counseling Psychology, 2005, 52 (2): 167-177.

范围，导致心理学研究中的“价值中立”倾向。[①]秦金亮（2001）则指出，心理学不可能超越社会价值、文化观念而进行纯客观研究，任何心理学的研究必然负荷着研究者的文化价值观念。[②]刘旭峰（2004）从逻辑主义与直觉主义对立的角度，对西方心理学方法论进行了梳理，认为逻辑主义心理学形成于19世纪初，主要表现为赫尔姆霍茨、韦伯和费希纳的实验心理学，冯特、艾宾浩斯、铁钦纳等人的心理学以及行为主义和信息加工心理学。直觉主义心理学首先表现在常识心理学、宗教心理学和哲学心理学中，以现象学、解释学和存在论为哲学基础，有现象学的直觉主义心理学、解释学的直觉主义心理学和存在论的直觉主义心理学三种形式。[③]沈德灿（1986，1991）对内省法进行了比较系统地研究，他从内省法在心理学研究中的历程入手，指出内省法具有一定的可用性与积极意义，在大量实验基础上把内省得来的材料归类和编排，形成反映不同梯度的描述主观心理状态的词表，使内省变得容易进行和容易统一。[④]莫雷（2006）对心理学具体研究方法进行了系统分析，提出心理学研究方法有三类：理论与思辨方法、现象学方法和实证方法。实证方法和现象学方法在解决心理学研究的意义性与客观性上，各有其优势及局限，任何一种研究方法至今都没有能完全取代另外一种方法而独占心理学研究的舞台。但过去数十年，实证研究方法取得了重大发展，明显呈现出向意义性与客观性统一发展的趋势，在与现象学方法的竞争中逐步占据上风，成为心理学研究方法的主流。[⑤]

---

① 叶浩生．西方心理学中两种文化的分裂及其整合［J］．心理学报，1998，31（3）：349-356.

② 秦金亮．论西方心理学量化研究的方法学困境［J］．自然辩证法研究，2001，17（3）：10-14.

③ 刘旭峰．直觉的位置［D］．长沙：湖南师范大学，2004.

④ 沈德灿．心理学与内省［J］．心理学报，1986（3）：227-234；内省的心理学新探——自我观察与自我调适［J］．心理学探新，1999（4）：3-5，20.

⑤ 莫雷，王瑞明等．心理学研究方法的系统分析与体系重构［J］．心理科学，2006，29（5）：1026-1030.

不难发现，上述围绕心理学能否获得客观知识这一主题展开的有关心理学研究对象、研究原则、研究方法的种种见解，部分地揭示了主观范式与客观范式各自的内涵、发展等问题，特别是对于主观对象与主观方法在心理学研究中的地位问题的探讨，无疑具有重要价值。但同时也可以发现，对于主观范式与客观范式的研究尚存在诸多问题。一是欠系统。仅有一些涉及主客观范式的零星研究，或从历史角度分析心理学史上各家各派在心理学研究对象与方法上的联系与区别，或从科学与人文、主观主义与客观主义、直觉与逻辑等方法论角度或具体研究方法上涉及主客观范式，缺乏对主客观范式的内涵、形成与发展、历史定位等整体的系统探讨。二是欠深入。既往研究倾向于从表面理解心理学中各种围绕心理学研究对象与研究方法的争论，未能看到这些争论背后隐含的乃是心理学知识客观性的问题，因而也就未将这一问题看成是心理学理论研究的核心问题。三是欠准确。究竟何谓心理学研究范式、何谓主观范式、何谓客观范式等缺乏清晰而明确的界定。与此相应，主观范式是否等同于主观经验范式、客观范式是否等同于客观实验范式，客观范式是否等同于科学主义心理学方法论、主观范式是否等同于人文科学心理学方法论等问题也未有明确的回答。主观范式与客观范式是如何形成，各自有什么样的内涵与特点，是如何发展的，如何对它们进行定位、两种范式对立的实质是什么，当代心理学中两种范式的整合等问题，也未得到应有地关注与研究。

因此，重新解读百年来心理学发展历程中围绕心理学知识能否获得自然科学的客观性这一主题形成的两种研究范式，厘清二者各自的内涵与发展脉络，并以心理学的整合视野为视角，立足于对人的本质的全面把握，评价两种范式各自的功过是非，探寻解决心理学知识客观性难题的途径与方法，既是反思历史的需要，又是规划未来的诉求。

第二章　主客观范式的内涵与基本特征

第一节　心理学中的范式辨析

在科学哲学中，“范式”一词直接来源于英文“paradigm”，意指某一理论的世界观和科学的方法论，因而，“paradigm”除了可翻译为“范式”之外，也可在“典范、范例、样式”等意义上使用。早在1892年，英国学者卡尔·皮尔逊就专门对科学的范式进行了研究，并出版了《科学的规范》（*The Grammar of Science*）一书。不过，真正使得“范式”一词成为科学哲学的重要概念并广泛使用的乃是美国科学哲学家托马斯·库恩，在他的名作《科学革命的结构》一书中，库恩赋予了“范式”全新的含义，今天的范式概念正是库恩所讲的意义上被普遍使用的。

在库恩那里，范式有着多重含义，但总体而言，他所谓的范式有如下几个特点：首先，范式是认识世界的整体框架和价值标准，是结合了研究信念、理论设想、研究价值、研究技术与研究手段的综合性范畴。科学界利用范式的原因在于，只要接受了这种范式，就有了一个标准可以用于选择那些肯定有解的主题，而那些太难或太成问题的主题，则被看作不值得花费时间研究的。这样，范式就决定了什么样的主题可以成为一个学科研究的对象，什么样的主题不能成为研究对象。其次，范式是科学共同体共有的，并且某一个范式往往只是某一个科学共同体的成员所共同拥有的。而所谓的科学共同体，也就是掌握了同一范式，并将其用以开展科学研究活动的科学家。最后，范式是衡量一门科学成熟与否的标志。库恩将科学的发展分为五个阶段：前科学时期。多种流派和思想并存，没有科学共同体，也缺乏同一范式；规范科学时期。科学共同体的成员遵守同一范式，并以此为标准开展研究；反常与危机时期。科学共同体逐渐瓦解，反常意见滋生，科学处于危机之中；科学革命时期。反常促成革命，新范式代替旧范式；新的规范科学时期。新范式成为新的科学共同体成员一致遵守的标准，科学的发展重新进入规范时期。

库恩之后，范式概念在不断受到批评的同时，也被人们不断使用并从自然科学领域拓展到社会科学领域，成为那些处在前科学时期的学科顺利过渡到规范科学时期的重要指南。贝利指出，“范式”这个词用在社会科学中，就是我们观察社会世界的一种视野和参考框架，它由一整套概念和假定所组成。①心理学中有无库恩意义上的范式呢？是否心理学也像其他科学一样存在着不同的相互竞争的范式？对于这一问题，当代心理学有两种截然不同的看法。

一种观点认为心理学中没有库恩意义上的范式概念，心理学尚处于库恩所讲的前范式阶段。例如，Staats（1981）认为心理学中存在着许多相互竞争甚至于对立的学派与阵营，缺乏统一的范式，心理学知识也分裂为没有关联的“孤岛”，因此心理学属于前范式学科，心理学的主要任务是寻

① 贝利.现代社会研究方法［M］.许真，译.北京：上海人民出版社，1986：33.

求统一的理论与统一心理学的方法。[①]Leahey（1992）认为，除冯特建立心理学实验室可以被看作是一场库恩意义上的心理学的范式革命之外，从心灵主义到行为主义，再到认知主义，并不是心理学的范式革命，而是心理学研究传统的转换。库恩的范式理论并不适合于心理学，心理学的历史可以看作是多个研究传统的叙述，是随着时间推移在心理学元理论承诺的框架内不断发展和变化的。[②]叶浩生（1997）也认为心理学中不存在库恩意义上的范式，但是却存在着某种"类似范式的东西"——范畴，范畴指决定着心理学家对心理学基本问题的解释的一种态度或价值观，这种态度与价值观使他的行为自觉地与范畴概念所规定的原则相一致。[③]

另一种观点则认为心理学中存在着库恩意义上的范式，但库恩的科学发展阶段理论并不适合于心理学，"心理学是一门具有、也许永远具有几个并存范式的科学。"[④]Koch（1981）认为心理学的研究对象是人，心理学研究的某些部分是自然科学的，但也有很多内容具有人文性质，这就决定了心理学不可能达成统一的范式。心理学长期以来被误解为一门科学，或者一门致力于研究人的连续的经验学科，并能够成为一门整合的学科。正是由于19世纪心理学成为一门独立的科学的事实，催生了认为心理学是一门整合的学科的观点，但这不过是一个可以被先验地或历史地证明的神话。[⑤]Eysenck（1997）认为心理学中存在着许多不同范式，心理学危机的

① Staats A W. Paradigmatic Behaviorism, Unified Theory, Unified Theory Construction Methods, and the Zeitgeist of Separatism [J]. American Psychologist, 1981, 36 (3): 239-256.

② Leahey T H. The Mythical Revolutions of American Psychology [J].American Psychologist, 1992, 47 (2): 308-318.

③ 叶浩生.论心理学的"范式"与"范畴"[J].南京师大学报（社会科学版），1997，2: 67-72.

④ 赫根汉.心理学史导论[M].郭本禹，译.上海：华东师范大学出版社，2004: 18.

⑤ Koch S. The Nature and Limits of Psychological Knowledge—Lessons of a Century qua "Science" [J].American Psychological, 1981, 36 (3): 257-269.

根源正是在于已有的范式之间无法统一。他以心理学的两个科学领域——人格研究与实验研究为例说明心理学的各个范式统一的可能性。①Henley（1989）指出，从最严格的意义上来讲，目前心理学中确实不存在库恩意义上的范式，未来心理学能否有一个统一的范式亦未可知。但是，心理学中却有着许多可以称为“微范式”的内容，如精神分析范式、认知行为疗法、性别角色范式、攻击范式、动物行为学、现象学范式、行为主义学习理论、应激生理学范式以及人员选拔理论等。②

高申春（2005）分析了心理学家们对于库恩范式论思想的态度及其深层原因。他指出，库恩范式论被心理学家所接受，是缘于心理学家们对心理学科学性危机的思考，心理学家们在面临这种危机时，首先是借助于库恩的范式论来诊断心理学所处的科学发展阶段，库恩的范式理论为心理学家提供了这样一个诊断程序。这些研究工作所得出的基本结论是，“至少就表面特征而言，心理学是一门前范式科学”。这一结论又引发一个新的研究潮流，即怀疑库恩范式论对心理学史的应用价值，并达成共识，认为心理学“不是处在前范式发展阶段的学科”，而是一门同时接受多种范式支配的“多范式学科”。③

值得注意的是，尽管存在着关于心理学是否是一门“成熟的科学”、库恩的范式论是否适合于心理学研究的争论，但是“范式”一词却在心理学中得到了广泛地使用。目前，各种以“范式”一词为题的研究不断出现，一方面表现为理论研究中对不同的研究模式与研究路线的概括，另一方面则表现为实证研究中对各种不同的理论基础的概括。不可否认，这些研究

---

① Eysenck H J. Personality and Experimental Psychology: The Unification of Psychology and the Possibility of a Paradigm［J］. Journal of Personality and Social Psychology. 1997，73（6）：1224-1237.

② Henley T B.Meehl Revisited: A Look at Paradigms in Psychology［J］.Theor.& Philo. 1989，9（1）：30-36.

③ 高申春 . 范式论心理学史批判［J］. 自然辩证法研究，2005，21（9）：29-37.

中对“范式”一词的应用，就其内涵与特点而言并非完全一致，甚至远离了库恩对“范式”的定义。因此有批评家抱怨说，对库恩“范式”术语的滥用，不仅导致“范式”一词像瘟疫一样充斥于心理学的各种学术讨论，而且使这种学术讨论蜕化成为一种“无所事事的闲谈”。①

究竟心理学中有无库恩意义上的范式呢？又该如何理解心理学中的“范式”概念呢？本书认为，西方心理学中并不存在库恩意义上用以衡量心理学是否一门成熟科学的范式，心理学中的“范式”一词指称的乃是特定的研究传统与思想模式。结合心理学发展的历史，以及当前有关范式概念的各种用意，本书认为，心理学研究范式的基本含义包括如下几个方面：① 关于心理学研究对象的属性和作用过程的本体论的假设；② 关于如何认识研究对象和解释心理学知识的认识论或知识论观念；③ 以本体论假设和知识论观念为基础的方法论原则；④ 以上三点所决定的研究假设、基本观点、知识框架、研究手段和研究方法。简而言之，即某一心理学思想阵营所共有的关于人是什么、心理是什么、真理是什么等一系列重大问题的理论体系、研究假设、基本观点、基本框架和基本方法。它不仅限定了共同的研究范围，而且限定了共同的研究方法，并形成了共同的研究传统。

根据这一含义，心理学研究范式就有如下的特点：一是整体性。即每个心理学流派或学说都不只表现为单纯的基本理论，而总是以包含其哲学信念、价值标准、研究原则与研究方法等彼此之间密切相关的整体。心理学范式之间的区别，也就表现为包括上述几方面在内的整体框架的不同。二是工具性。即范式成为心理学共同体用来解决疑难的工具，新的研究范式的出现可以有效地解决旧范式所引起的反常或危机，而新范式确立以后，又可以作为一种研究的基本规范和解决新问题的既有程序，帮助心理学共

① Linn E D. Where is Psychology Going? Structural fault lines revealed by psychologists' use of Kuhn [J]. American Psychologist，2003，58（4）：269-278.

同体成员迅速处理新的研究主题。例如，科学主义心理学研究范式以能够客观实证的标准来选取研究对象，意识一度因其主观性被早期行为主义彻底抛弃，早期行为主义也因此解决了机能主义心理学无法解决的问题。三是韧性。即心理学研究范式的相对稳定性，是心理学共同体在某一特定时期内严格遵守研究范式，并将研究的中心置于范式所规定的问题而置其他主题于不顾，并在该研究范式所允许的范围内适当调整以适应反常和危机，在遇到难以克服的危机之前，能够保持相对稳定性的特点。例如，新行为主义在早期行为主义的框架内，引入中介变量概念，重新将意识纳入心理学的研究之中，并予以客观化，从而避免了早期行为主义面临的“没有心理的心理学”的责难。

第二节　主观范式的内涵与基本特征

总的来说，主观范式是保留主观对象与主观方法的研究范式，客观范式是排除主观对象与主观方法的研究范式。但是否排除主观对象与主观方法仅是两种范式对立的表象。实质上，主观范式与客观范式的对立是两种不同的世界观与方法论的对立，是心理学家们围绕心理学知识如何获得客观性这一核心问题而展开的有关意识与心理的本质、心理学方法论，以及由此而衍生的研究原则与研究方法的对立。

确切地讲，主观范式在本体论上承认存在着与自然物一样的主观世界以及意识或心理的实体，意识或心理是心理学的应有研究对象。在真理的客观性问题上，持有主观范式的心理学家并不否认客观知识的存在，认为心理学可以获得客观真理。在方法论上，持有主观范式的心理学家保留了与主观研究对象——人的意识或心理相适应的主观研究方法。在他们看来，心理学知识可以获得客观性而无须排除主观对象与主观方法，主观方法不是心理学知识客观性的污染剂，反而是获得知识的重要途径之一。

迄今为止，主观范式表现出两种不同的形态：心理主义主观范式和人文主义主观范式。心理主义主观范式是持科学主义立场的心理学家包容主观对象与主观方法的结果。持有这一范式的心理学家认为，心理学可以获得客观知识，追求符合论式的客观真理是心理学的基本目标。在他们看来，意识或心理虽具有主观性，但可以作为心理学的研究对象，而主观研究方法则是揭示意识或心理的实质的有效工具。

人文主义主观范式则是持人文科学立场的心理学家坚持主观对象与主观方法的结果。持有这一观点的心理学家认为知识的对象是作为意识构成物的现象，我们不能获得“纯而又纯”的符合论的客观知识。心理学的知识是关于人的现实存在的、人类个体的知识，是处于特定的社会历史文化环境之中的人的具体的知识。心理学不可能得到超越时空的普遍的、共同的与自然物毫无二致的“真知灼见”，因而，心理学研究无须排除主观对象与主观方法，主观方法不是心理学知识客观性的污染剂，反而是获得知识的重要途径之一。

人文主义主观范式有三种不同的形态：① 人本学的主观范式；② 知识论的主观范式；③ 人本学与知识论相统一的主观范式。这三种范式虽各自的内涵与特征有所区别，却也表现出一些共同的特点：

（1）人本主义的世界观。与客观范式自然主义、机械主义和物理主义的世界观不同，主观范式持有的是人本主义的世界观。人本主义者高扬人的社会性、个体性、主观性，认为人是社会历史文化的产物，在具备自然属性的同时，也具有社会历史文化属性。人不是自然界的静止的“物”，而是活生生的具有主观能动性的。人与动物也有着本质的不同，人的心理与行为规律并非动物行为的规律或者机器运行的原理可以比拟，并且，人总是处于特定的社会历史文化环境之中，其心理与行为总是打上了时代的烙印，受其所处环境的影响。人的需要、动机、信念、理想与世界观等带有主观性的东西，人生存的意义与价值等均应成为心理学研究的主题。因此，人文主义主观范式反对将心理学看作是自然科学的做法，强调心理学乃是一门人文社会科学。他们认识到了将心理学看作一门自然科学所带来的严重后果。指出心理学不仅是研究人作为自然界的一部分所具有的属性，而更应该去关注人之不同于自然物的多方面的属性；不仅是研究超越时空关系的人的抽象本性，而更应该关注的是人的现实本性；不仅去研究人类群体共同的心理现象和行为规律，而且更应该去关注个体的心理现象。

（2）直觉主义的研究路线。人文主义主观范式反对以逻辑主义认识论为基础来进行心理学研究，认为心理世界不是冷冰冰的逻辑世界，心理现象也非完全由逻辑所支配，所以心理学研究不可能获得符合论式的客观知识。心理学以逻辑主义为研究路线，人的主观性与主体性被遗忘，人的本真状态被割裂、歪曲与限制。而要获得对人的本真状态的正确认识，则要遵循直觉主义的研究路线。直觉主义将直觉体验看作是认识人的心理现象的重要手段，作为一种直接与人的活生生的精神生活融汇共存，合为一体的方法，它不从对立面去观照人，对人有所规定。其获得的真理本身具有本真性，因而无须外在的其他活动去检验。依靠直觉认识，人文主义主观范式一方面获取理智，获取知识，另一方面找寻生存的意义与价值。坚持直觉主义的认识路线，人文主义主观范式并不排除价值，相反，价值不是心理学研究的污染剂，而是获取心理学知识、获取生命本真的重要推动力。心理学研究也是不可能脱离价值的，不仅研究者的研究活动带有价值选择，而且人类将追求真理作为终极价值，科学本身就建立在价值基础上。人的心理与行为是人类个体在与环境的交互作用中建构的，对人的心理与行为的解释只能借助于其主观生活体验，借助个人的直觉，以及对个人的生活世界的了解才能进行。

（3）整体主义的研究原则。整体主义是人文主义主观范式区别于客观范式的又一大特征，与客观范式的还原主义相对立。与还原主义将人的心理与行为过程还原为物理化学过程或者生物过程不同，从整体主义的角度出发，以物理、化学等科学为典型代表的自然科学的还原分析方法，便不适用于生命系统和社会整体的研究。并且，整体并非部分的简单相加，整体大于部分之和，整体决定着其部分的性质。若将部分同整体相分离而孤立对待，就无法理解部分；部分在动态上是相互联系和互为依存的。表现在心理学中，即认为人及其心理、行为是不可分割的整体，人既是自然界的一物但又超越自然物，人的心理与行为不能还原为构成自然物的元素、原子等。整体有着部分所不具有的新性质，对整体的理解构成了心理学研究的出发点。心理学应以理解人自身、人的心理、行为的本质为己任，以立足于整体或质的理解与分析为基本方法。①

（4）主观经验的研究方法。坚持人文主义，直觉主义和整体主义，主观范式的各心理学体系形成了以主观性为主要特征的研究方法。这些方法主要有三种：一是内省法。内省法是哲学形态的心理学的主要研究方法，指个人观察体验自己的内部心理过程并报告出来。从古希腊哲学家开始，一直到实验法的出现，内省法一直以来都是心理学研究必不可少的方法。内省法有着实验法在探究个人内心体验时无法比拟的优势，因而，即便在实验心理学得以确立，客观范式盛行时，也仍然受到诸多心理学家的青睐。主观范式的各心理学体系在对人的主观性、个体性的心理体验的探究上，是借助内省法来实现的。二是移情与体验。移情与体验是在解释学哲学的基础上形成的心理学研究方法。移情指研究者设身处地地站在被研究者的

① 彭运石．人的消解与重构——西方心理学方法论研究［M］．长沙：湖南教育出版社，2009：78.

立场去体验、观察和了解被研究者，这样方能洞察和认识被研究者的真实世界。在具体应用上，精神分析以移情作为治疗的主要手段，人本主义则强调在研究中形成“爱的关系”。体验是指研究者深入研究对象之中，通过各种途径亲身感受和领会，以探析研究对象本来面目的研究方法，强调的是研究者的非理性情感的投入和价值选择。三是现象学直观。现象学直观是胡塞尔针对客观范式的逻辑分析、客观实证原则提出的，后被主观范式各心理学普遍采用的研究方法，其基本内核是将历史的、现实的关于研究对象的所有看法都用括号搁置起来，研究者以不带任何先入之见的眼光观察事物本身，进而通过现象获得对事物本质的认识，把握事物的本来面目。其基本形式是直觉，即人在认识事物过程中对认识对象的非理性的把握，具有直接性、瞬时性和跳跃性的特点。总之，主观范式的各种研究方法，均以主观性为基本特征，这既构成了主观范式的各心理学体系之独特性，也成为主观范式各心理学体系饱受批评的主要原因。

第三节　客观范式的内涵与基本特征

客观范式是持科学主义立场的心理学家排除主观对象与主观方法的结果。在本体论上，持有客观范式的心理学家否定意识或心理具有与自然物一样的实体性，认为心理学研究应以可观察、可证实的对象为限。在真理的客观性问题上，持有客观范式的心理学家认为心理学研究可以获得符合论式的与客观事物完全一致的客观知识。而在方法论上，持有客观范式的心理学家则主张客观主义的研究路线及纯而又纯的客观实证方法。

迄今为止，客观范式主要表现出四种不同的形态：刺激—反应范式；中介变量范式；信息加工范式；认知神经范式。各种形态的客观范式对于心理学研究对象、研究原则与研究方法或有不同理解与认识，但却有着共同的特点：

（1）自然主义（或物理主义、机械主义）的世界观。自然主义（或物理主义、机械主义）的世界观指在科学研究对象问题上，主张科学应研究外在于其自身的现实，即研究客体化的现实世界。人及人的心理与行为是自然世界（或物理世界、机械世界）的一部分，具有先定的、普遍的、凝固不变的本质或运动规律。人作为自然界一物的，具有其他物共有的自然属性。在客观范式的心理学中，人时而被等同于动物，时而又被看作是机器，便是基于这样一种世界观。与自然主义（或物理主义、机械主义）的世界观相适应，客观范式确立了心理学的自然科学取向，心理学被看成是一门自然科学，物理学则是心理学的模板，并依此来开展心理学的研究，力图建构物理主义的心理学理论模式。心理学承袭自然科学传统，以自然科学的模式来研究人的心理与行为，体现了客观范式的重要内涵。可以说，坚持客观范式就是在心理学中坚持以自然科学为最高价值标准的研究取向和理论建构的模式。①

（2）逻辑主义的研究路线。逻辑主义认为知识本质上是逻辑思维运动的结果，总是呈现为某种必然性的联结，知识的对象是客观事物本身。心理学的根本目标是获得关于心理现象与行为的“客观知识”，确定心理与行为的内在结构或模式，进而确立理论并进一步说明其逻辑规律性。客观范式的心理学无论是探究行为规律还是认知的逻辑构造，均是以逻辑主义为认识路线的。坚持逻辑主义的认识路线，追求“纯而又纯”的客观知识，意味着在心理学研究中，必须排除所有成见，禁止使用科学之外的、不是为科学所需要而制造出来的概念，并尽量排除感情的介入，因为感情不是

① 车文博．客观实验范式与主观经验范式的整合——当代西方心理学理论范式发展的走向［J］．自然辩证法研究，2003，19（5）：1–6.

科学真理的标准，只是科学的对象。科学无须对它的研究对象作价值判断，科学研究本身与道德判断和社会价值无关。科学知识不同于所有其他类型的知识，乃是一种普遍真理，因而科学真理必然独立于价值和个人因素。具体到科学研究中，要求研究者必须尽可能排除价值和个人因素，以客观实证的态度来研究事实本身。在心理学中，表现为心理学家在研究人的心理与行为时，需要抛弃关于研究对象的看法与态度，即排除所有价值因素和个人因素，这样才能保证科学研究的客观性。

（3）还原主义的研究原则。遵循逻辑主义的研究路线，自然界和人类社会普遍存在着客观规律，人们可以依照事物的起因，获知其结果，最终达到预测的目的。因而，无论是心理现象还是行为，均可以还原到其最初的水平上。还原主义有三个不同的层次：在对人及其心理本质问题的理解上，还原主义表现为物理主义的世界观，即将人及其心理与行为看成与世界万物一样，由一些最基本的原子或元素构成。在心理学研究途径上，坚持还原分析原则，即任何科学研究都必须先将复杂现象（尤为生理和心理现象）还原为简单现象（如元素或原子），然后再从简单现象中寻求对于复杂现象的解释。在心理学的具体方法上，坚持还原分析法。其基本程序是先将复杂、高级的东西简化为基本的、不可再分的元素或低级的东西，再将元素、部分从整体中抽离出来进行孤立、静止的考察，然后以线性因果观或者“算术和”，说明元素或部分间的关系及事物的性质。[①]

（4）客观实证的研究方法。奉行自然主义（或物理主义、机械主义）的世界观、逻辑主义的认识路线、还原主义的研究原则，在心理学中，客观范式的各心理学体系合乎逻辑地成为主流心理学的代表。主流心理学的发展演变，也相应地形成和积累了一系列以客观实证为前提的研究方法。

① 彭运石．人的消解与重构［D］．长春：吉林大学，2000.

具体来说，主要包括以下几种方法：一是观察法。有目的、有计划地对研究对象进行直接观察并予以记录的方法，往往发生在一项研究的初期阶段，或者是某些只能依靠观察法才能加以研究的人类行为。观察法可分为自然观察法和实验室观察法。前者是在自然情境下进行的，不会对自然环境加以干扰或者控制，后者是在实验室创设一定的情境，进而观察被试的行为反应的方法。但不管是在何种情境下进行，观察者都应尽可能地排除个人的偏见，并严格遵循观察的程序，做好记录，以便他人重复验证。二是条件反射法。条件反射最早是由俄国生理学家巴甫洛夫在动物实验的基础上所提出的，是指建立在无条件反射的基础上的对条件刺激的反应（无条件反射是人和动物先天就有的由无条件刺激引起的反应），后经行为主义心理学家华生在心理学中广泛使用，成为研究动物和人类行为的客观方法之一，而基于条件反射的 S—R 行为模式更成为行为主义解释人类和动物行为重要基础。三是实验法。实验法是客观范式的方法体系的核心，是在实验控制的条件下操纵自变量变化进而观察因变量，以确定二者之间关系的方法。实验法的使用首先需要有体现出两个变量的因果关系的研究假设，紧接着要赋予理论术语操作定义，然后创设实验情境，排除或控制自变量与因变量之外的所有其他变量，操纵自变量，观察并记录实验结果，最后运用数学统计方法处理实验中的各种误差，保证研究结果的客观有效。在整个过程中，要求研究者必须尽可能地排除主观性，以保证实验是在完全客观的基础上进行的科学研究。四是测量法。主要用于自变量和因变量之间一系列无法直接进行观察的内部心理过程的研究，研究者预先对要研究的心理过程给予操作定义，进而按照严格的心理测验量表的标准化过程，编制符合信度与效度要求的标准化心理测验量表，最后应用量表在实验控制条件下抽取被试样本予以测试、回收并进行数学统计。此外，言语报告、个案研究等作为上述方法的补充，也时常出现在心理学的研究中。总之，客观实证是客观范式的各心理学体系在研究方法上的必然要求和共有特征，甚至在主流心理学中，是否符合客观实证的基本原则成为甄别心理学知识科学与否的标准。

第三章　主观范式的形成与发展

主观范式是保留了主观对象与主观方法的心理学体系的统称，它既包括心理主义主观范式，又包括人文主义主观范式，下面分别对这两种主观范式的形成与发展加以讨论。

第一节　心理主义主观范式的形成与发展

心理主义是对19世纪末实验心理学的产生到20世纪初刺激—反应范式出现之前的这段时间心理学思想和流派的统称。前已述及，持有心理主义主观范式的心理学家认为心理学可以获得排除主观性的、“纯而又纯”的客观知识，带有主观性的意识、心理是心理学的应有研究对象，与之相适应地，主观研究方法则是探究意识或心理之实质的有效方法。

一、心理主义主观范式的形成

心理主义主观范式的形成既受到近代自然科学的影响，又受到实证主义哲学特别是经验实证论的影响，同时它又是近代经验主义心理学发展的结果。下面将从这三个方面分别加以论述。

（一）科学基础

心理主义主观范式的形成首先要归功于近代科学的发展。科学的出现是与欧洲历史上著名的文艺复兴运动紧密联系在一起的。从 1450 年开始到 1600 年的 150 年的时间里，伴随着对教会权威的逐步挑战，以上帝为中心的教会思想逐渐让位于以人为中心的思想。这一时期，不仅出现了大批的关注人自身的人文主义者，而且出现了以一种全新的方式探究自然界奥秘的科学思想。

近代科学思想的发展首先开始于天文学的研究。1543 年，哥白尼出版了《天体运行论》，成功地论述了日心说，推翻了自亚里士多德以来的固有的世界观，人类不再是宇宙的中心，掀开了第一次科学革命的序幕。哥白尼之后，开普勒综合柏拉图哲学与神秘主义思想，为哥白尼体系中的许多数学上的细节做了证明，伽利略则相继在天文学和物理学上产生重要影响。他将宇宙视为一架机器，唯有通过数学才能理解其原理，因而，他把揭示存在于表象之外的真实的数学关系作为自己研究的目标，通过自制的望远镜，进一步拓展了天文学的研究。他还通过实验对抛物体的动力学原理予以研究，揭示了在所有条件下一切物体的运动，都受到了一系列数学规律的支配。和伽利略一样，牛顿也将世界看作一架由上帝创造的复杂而有规律的机器，他发展了微积分，提出万有引力定律以及在爱因斯坦之前最有权威的宇宙体系，取得了当时期物理学的最高成就。与此同时，围绕科学研究的目标，一些重要的科学研究法也逐步形成。伽利略突出了数学演绎在科学研究中的价值，区分了客观存在与主观存在，指出前者是客观的、不变的，包括数量、形状、大小和位置等，后者是主观的变动的意识经验，如颜色、气味、声音、温度等。真正的知识只能从客观存在的研究中获得，主观实在即意识无法用客观的方法加以研究。与伽利略强调演绎法不同，培根则重视基于客观观察与实验的归纳法，他认为不带任何个人成见的观察与实验，以及不急于下结论是科学家必须遵守的两个规则。牛顿经典力学取得巨大成功之后，其思想与方法规则也在其他科学中迅速扩展，这些规则包括：物质世界受自然规律支配，事物并不具有内在的属性；自然规律是绝对的，但人对自然规律的解释总是不完备的；科学研究应尽可能地遵循简单原则等。

如果说物理学的发展所确立的研究原则与方法为心理主义主观范式的形成提供了可能，那么生理学的成功则是这种可能性的得以实现的例证。回顾生理学的科学历程可以发现，19 世纪以前对神经结构及其机能的两种主要观点都是由哲学家在思辨的基础上提出的理论构想，此后，自然科学的研究方法逐步应用到生理学的研究中。1811 年，贝尔在实验观察的基础上，发现感觉神经与运动神经在解剖和机能上存在差异，提出贝尔—马戎第定律。缪勒则在贝尔和马戎第的基础上，创立了神经特殊能说，赫尔姆霍茨将能量守恒定律应用到生命有机体上，并测定了神经传导速率，进一步发展了有关神经结构与机能的研究。同时，关于脑结构与脑机能的研究也取得了重要进展。截至 1833 年，柏林大学设立生理学教席职位，标志着生理学被正式承认为一门科学。显然，生理学对脑机能和神经机制的研究为心理主义主观范式的形成提供了重要的生理基础。

诞生于 19 世纪中期的进化论思想也是心理主义主观范式的重要科学基础，特别是斯宾塞、达尔文的生物进化论思想，一经创立，便对心理学产生了重要影响。首先，生物进化论铺平了人与动物之间的桥梁，完成了人的去“圣”化，经由动物实验得来的研究成果被成功地应用到人身上。其次，生物进化论为心理学中的生物还原论提供了科学基础，人的现在是在过去的基础上进化而来的。这样，突出人的自然性，将人还原为动物，以动物实验来说明人的心理与行为便成为心理学必然的选择。正如墨菲所言："达尔文主义在19世纪最后的25年对心理学的影响……大大促进了这门科学塑造成今天的形态。"[①] 赫根汉也指出，"达尔文的理论是革命性的，其影响堪与哥白尼、牛顿的理论媲美。他改变了传统的人性观，并借此改变了哲学史和心理学史……当代心理学中流行的许多主题，明显体现了达尔文的巨大影响：发展心理学、动物心理学、比较心理学、心理生物学、学习、测验和测量、情绪、行为遗传学、变态心理学以及种种在应用心理学名目下的其他主题……"[②]

物理学的成功，使得科学家们竞相模仿。在整个18世纪乃至19世纪，几乎所有的自然科学家都按这种模式去研究自然，甚至在20世纪初，卢瑟福还把原子看成与太阳系类似的系统，用牛顿的思维方式构造模型。[③] 而生理学从思辨到实验的科学历程充分地说明了这一点，成为应用自然科学的模式研究人的成功范例。达尔文的进化论抹平了人与动物之间的差异，为动物实验的结果推广到人身上提供了坚实的理论基础。这样，自然科学的成功不仅使心理学确立了努力的方向，而且为心理主义主观范式在心理学中的确立提供了现成的可以模仿的例子。

（二）哲学基础

以物理学为代表的自然科学取得了巨大的成功，成为心理学家们效仿的对象，并且，心理学被看成是一门自然科学，自然科学的研究模式开始被心理学家直接用来研究人的意识现象。与自然科学的模板效应相对应，实证主义特别是经验实证论思想奠定了心理主义主观范式的哲学基础。实证主义发端于19世纪，是对近代哲学中经验主义认识路线的延续，它将经验看作是全部哲学的基础，且经验只能通过自然科学的研究得到，能够

---

① 墨菲，柯瓦奇．近代心理学历史导引［M］．林方，等译．上海：商务印书馆，1987：186.

② 赫根汉．心理学史导论［M］．郭本禹，译．上海：华东师范大学出版社，2004：442.

③ 刘大椿．科学技术哲学导论［M］．北京：中国人民大学出版社，2000：45.

经受客观检验。“实证主义追随牛顿，不以假设神秘的自然因果结构为借口，而是提供精确的数学原则，借此探究自然之力。”① 实证主义共有三代，第一代为社会实证论，第二代为经验实证论，第三代为逻辑实证论。社会实证论与逻辑实证论是客观范式形成的基础，我们将在第四章论述。

经验实证论又名“马赫主义”，是19世纪末20世纪初在欧洲形成并逐渐流行起来的哲学派别。经验实证论将经验看作哲学的出发点，是超出了主客、心物对立的中立性的东西，并借此试图超越形而上学。马赫是经验实证论的最重要的代表人物，他明确宣称，他的目标是探讨自然科学的方法论，为解决自然科学的具体问题寻求途径。在他看来，并不存在着经验以外的物质世界，科学研究的对象就是人的经验世界。物质与精神、主观与客观的区别仅是经验内的区别。马赫认为，物是感觉的复合，所谓物质，即是各个要素（感觉）之间的某种合规律性的联系。因而，无论心理学还是物理学，都不过是与人的意识（表象、感觉）相关。物理学所研究的物体不是存在于人的意识之外的客观对象，而是人的感觉之间的联系。心理学所研究的意识不是作为大脑和神经系统的产物的意识，而是第一性的存在。感觉（或表象）不是物或物体的映像，相反，物是感觉之间联系的符号。② 后期马赫用“要素”一词替换了“感觉”，他认为这是由于“要素”看上去不像“感觉”那样是主观的、心理的东西，而是一种非心非物的中性的东西。虽然要素等同于感觉，但是只有处于一定的物理或心理的关系中才是感觉。与他的要素论一脉相承，马赫还提出了认识论的根本原则——思维经济原则。在他看来，科学的作用在于模写和预测经验事实，以代替经验、节省经验，一种科学理论越是能代替更多的经验事实，越是简单、经济，就越是有利于使人适应环境。因而，思维在模写、预测经验事实上的简便性、

① 赫根汉．心理学史导论［M］．郭本禹，译．上海：华东师范大学出版社，2004：293.

② 刘放桐．新编现代西方哲学［M］．北京：人民出版社，2000：96.

经济性，便是评价科学和认识活动的主要指标。总之，马赫将感觉经验看作是一切科学活动的基础，经验是一切科学研究的基本对象，科学研究的任务即对经验做简要的或经济的描述，离开经验，就谈不上科学。

经验实证论的另一位主要代表人物是法国哲学家阿芬那留斯，他认为以往哲学中对经验的理解存在着诸多问题，典型的是在对经验的理解中夹杂着许多不属于经验的东西。因此，他将去除这些不属于经验的内容而获得“纯粹经验”作为哲学的任务。在他看来，夹杂在经验概念中的非经验内容有两方面：一方面是拟人化的，即以拟人化的方式解释自然，把人的特性当作物的特性；另一方面是价值性的，即把对物的评价当作物自身的特性。只有去除不以人的物质为转移的物质、因果性、必然性等，去除拟人化的主观性，剩下的才是纯粹经验。同时，他也强调应以“最小费力原则”（在马赫那里称为“思维经济原则”）来进行哲学研究，他的纯粹经验批判便是对这一原则的实际运用。

经验实证论对心理主义主观范式有重要影响，例如，冯特将一切科学的研究对象看作是经验，心理学研究直接经验，其他自然科学研究间接经验。铁钦纳认为心理学研究的是依赖于经验的经验，物理学研究的是不依赖于经验的经验。机能主义心理学虽将心理学研究对象逐步转向行为，并采用了客观实证的研究方法，却始终为意识和内省法保留了一席之地，这些观点均是以经验实证论为思想基础的。

（三）心理学基础

自然科学的成功以及实证主义的兴起，也引起了心理学内部的变革。以自然科学特别是物理学为榜样，心理学中逐渐出现了仿照自然科学的研究思路来解析人的心理与行为的研究倾向——经验主义心理学，实验心理学随即产生，并围绕研究对象、研究方法等问题展开了一系列的纷争。

经验主义心理学与理性主义心理学是近代哲学心理学思想的两种表现

形式，二者的分歧主要体现在知识的来源以及认识的可靠性上，经验主义心理学认为心理学知识来自于感觉经验，且唯有来自于感觉经验的知识才是可靠的知识。理性主义心理学认为心理学知识来自于理性，唯有理性才是知识的可靠来源。经验主义心理学又包括英国联想主义心理学和法国感觉主义心理学。联想主义心理学主要是以自然科学对物质世界的研究思路为模板，分析认知过程的一种努力，重点体现在英国哲学家霍布斯、洛克、贝克莱、休谟、哈特莱、培因与穆勒父子等的思想中。感觉主义心理学以拉·美特利、孔狄亚克和爱尔维修等法国哲学家为代表，将人与机器以及动物类比，强调感觉经验在认识过程中的重要性，试图将人的复杂心理现象还原为基本的感觉元素。尽管它们各自研究的侧重点不同，对于心理现象的解释也有所差别，但是，作为经验主义心理学的表现形式，它们却也有着共同的特点。

首先，表现出了以自然科学的模式来研究人的心理现象的思想。例如，霍布斯将联想看作是过去观念的连贯，认为各种心理现象都是以往观念连接的结果。[①] 洛克则第一个明确提出"联想"概念，认为一切观念都来源于感觉或者对感觉刺激的反思，即一切知识是来自于感觉经验的。他说："我们的一些观念相互之间有一种自然的联合……除了这种联合以外，还有另一种联合，完全是由机会和习惯得来的。"[②] 贝克莱认为不同的感觉提供不同的观念，观念总是与特殊的物体联系在一起，而物体无非是感觉的集合。休谟认为我们只能获得对于外在物理世界的感知。人对物理世界的感知或知觉构成了个人经验的基本要素。哈特莱力图将牛顿的物理学与洛克的经验论结合起来，认为观念是感觉刺激在大脑留下的惯性振动所引起的，观念通过联想联系在一起。不仅观念的形成遵循联想的规律，观念与行为

① 赫根汉．心理学史导论［M］．郭本禹，译．上海：华东师范大学出版社，2004：194.

② 车文博．西方心理学思想史［M］．长沙：湖南教育出版社，2007：111.

之间的关系，亦即行为从不随意到随意也是联想的结果。这样，哈特莱就把联想变成一切心理现象与行为的根本原理，并且心理活动与神经生理活动密切关联，从而确立了联想主义心理学的基本信条，并在詹姆斯·穆勒提出他的联想主义心理学之前，保持了八十多年的权威。

其次，开创了关于人心理现象的机械论与决定论解释路线。詹姆斯·穆勒认为意识本身是联想的，构成意识的观念遵循机械原理。复合观念是有简单观念相加而成的，因而可以还原为简单观念，约翰·斯图亚特·穆勒则认为简单观念组合成的新观念在性质上不同于原有的简单观念，正如化学元素结合起来构成新的物质一样。拉·美特利批判地继承了笛卡尔“动物是机器”的思想，认为人也是一架机器，人类和动物没有质的差别，只有量的差异。总之，经验主义心理学家们最终的目标就是“像牛顿解释物理世界那样解释心灵——以一种强调机械性的方式来解释心灵，把所有心理活动还原为它的基本元素，也就是仅使用一些基本的原理来解释心灵，把形而上学的推测减少到最低程度或完全消除。”①

最后，把心理学建设成为一门科学成为一种“时代精神”。心理事件与物理事件之间存在着巨大差异，曾使诸多西方哲学家和科学家如康德和伽利略等人就确信，心理学不可能成为一门科学。赫尔巴特率先阐发了作为一门科学的心理学的主张，不过他认为心理学只能成为一门数学科学而非一门实验科学。上文提到的约翰·斯图亚特·穆勒也提出了将心理学建设成为一门科学的构想，认为心理学是一门关于人性的科学。直到德国物理学家费希纳和他的心理物理学——探讨心理事件与物理事件之间的关系的心理学问世，心理学的科学设想才真正得以实现。费希纳系统地研究了韦伯定律，并指出要使感觉呈算术级数增加，物理刺激量必须呈几何级数

① 赫根汉 . 心理学史导论［M］. 郭本禹，译 . 上海：华东师范大学出版社，2004：236.

增加，刺激量与感觉之间呈函数关系。在检验这一规律的过程中，费希纳创立了心理物理学，将心理物理学解释为是用客观实验方法系统探究心身关系的科学，成为架起物理世界和心理世界之间的桥梁。

正是在自然科学、经验实证论思想以及心理学内部力量的推动下，1879 年冯特在莱比锡大学建立了世界上第一个心理学实验室，科学心理学正式诞生，心理主义主观范式也得以形成。①

二、心理主义主观范式的发展

心理主义主观范式的各思想流派形成和发展于科学心理学创建初期，在理论形态上，对心理学的研究对象、心理学的学科性质、心理学与其他科学的关系等问题歧义纷呈。在研究思路上，部分心理学家和思想流派一方面具有新兴的实验科学的追求与实践，另一方面又未能摆脱哲学的思辨痕迹。总体而言，这一范式的心理学体系在本体论与方法论问题上坚持主观，在认识论问题上坚持客观，认为心理学可以获得符合论式的客观真理。冯特、屈尔佩的实验心理学、铁钦纳的构造主义心理学与美国机能主义心理学均属于这一研究范式。但需要注意的是，对于心理学究竟如何获得客观知识，冯特、屈尔佩的实验心理学和铁钦纳的构造主义心理学是从意识本身寻求解释的，而机能主义心理学则是从意识与环境的关系中寻求解释的。他们各自的形成背景、在心理学研究对象、学科性质、方法论问题上的观点也就有所不同，这要求我们在同一框架下区别分析。

作为科学心理学的创始人，威廉·冯特为心理主义主观范式的发展做出了巨大贡献。就其思想来源而言，冯特以哲学家的眼光广泛吸收了不同哲学流派的思想以及物理学、实验生理学、心理物理学的成果。他既不同

① 彭运石 . 人的消解与重构［D］. 长春：吉林大学，2000.

意伽利略、康德认为心理学不能成为一门科学的看法，也不同意赫尔巴特将心理学看作是一门形而上学的、数学的科学的看法，从一开始他便“把心理学设想成一门自然科学。”[①] 首先，冯特指出心理学可以获得像其他自然科学同样性质的客观知识，意识是心理学的研究对象。他认为，“在自然科学和心理学内，我们所研究的经验现象只是以不同的观点来考察同一经验的现象。在自然科学内我们把经验看成是客观现象的相互联系，由于抽去了知觉着的主体，它也被看成是间接的经验。而在心理学内，我们则把经验看作直接的和非派生的。”[②] 心理学和自然科学的代表——物理学都是研究经验的科学，区别在于物理学研究间接经验，而心理学研究直接经验。其次，冯特笃信还原论，他相信心理学可以采用自然科学的研究模式来研究人的意识现象，提出心理学的基本目标乃是找出构成意识的基本元素，以及元素之间结合的规律。在这里，他受到了英国联想主义心理学的影响，特别是约翰·斯图亚特·穆勒的心理化学说的影响。在他看来，意识可以分解为最基本的意识状态，即心理元素，意识过程由这些动态的元素所构成，元素之间是相互结合的。再次，冯特拓展了心理学方法论，发展了心理学的主观研究方法，他将客观实验方法与主观内省方法相结合，形成实验内省法，并提出用以研究民族心理的历史分析法。在冯特看来，既然物理学和心理学都是以经验为对象的科学，那么物理学的客观实验方法也可以用来进行心理学研究，他指出，“唯有实验才能在自然科学中有所进展；让我们把实验用于心理学的自然。”[③] 但在他看到了实验法在心理学研究中的独特作用和重要地位的同时，却发现内省法在揭示意识的实质方面有不可取代的作用。冯特说，“利用内省观察的第一条原则，就在

① 黎黑．心理学史［M］．李维，译．杭州：浙江教育出版社，1998：347.
② 叶浩生．西方心理学的历史与体系［M］．北京：人民教育出版社，1998：80.
③ 彭运石．人的消解与重构［D］．长春：吉林大学，2000.

于尽可能地捕捉偶然的、意外的和非有意引起的经验……首先，最好是尽可能地依赖于记忆，而不是依赖于直接的领会……其次，内省观察更适合于把握明显的意识状态，特别是随意心理活动：那些模模糊糊是意识的和不随意的内部过程几乎会完全避开这种内部观察，这是因为观察的努力干预了它们，还因为他们很少在记忆中停留。”[①]于是，冯特用实验法改造内省法，他相信在实验原则的指导下，内省法的结果也可以是客观的、可信的。冯特为实验内省法制定了详细的实施规则，以确保实验结果的客观性。在使用实验内省法的同时，他发现高级的心理过程在历史和社会中是占统治地位的力量，实验内省法并不适用，因此需要另一种科学方法，即特殊的精神科学的方法，如历史分析和自然观察。在此后 20 年的时间里，冯特采用的历史分析法，写出了十卷本的《民族心理学》。

尽管冯特的初衷可能是像自然科学一样客观的科学心理学，但今天看来，他实际达成的乃是一门囊括了主观与客观两方面的综合心理学。他采用实验内省法从意识自身寻求对意识的客观解释，将意识还原为感觉和情感，将联想、统觉和创造性综合作为意识元素结合成意识现象的规律。这种做法既无法摆脱意识自身的主观性，又难以克服实验内省法的主观性，在具体操作中，根本无法达到客观实证的要求，从而展现出心理主义主观范式在客观主义道路上的不彻底性。

冯特之后，心理主义主观范式的发展主要围绕两个方面展开。一方面，作为意识研究的利器，实验内省法得以不断改进并逐步用于高级的心理现象的研究。冯特的学生，符茨保学派的领导者屈尔佩对他的导师冯特的实验内省法进行了改造，并依此成功地发现了无意象思维的存在。在心理学的性质上，屈尔佩认为心理学的研究对象是依赖于经验者的经验事实，物

① 詹姆斯 . 心理学原理（第一版）［M］. 田平，译 . 北京：中国城市出版社，2003：278.

理学的研究对象是不依赖于经验者的经验事实，因而心理学是自然科学。在具体研究中，屈尔佩和符茨堡学派的其他成员提出系统的实验内省法，该技术包括呈现给被试要解决的问题，然后要求他们报告解决问题时所使用的心理操作。另外，要求被试描述在不同的问题解决阶段所使用的思维类型。他们还要报告等待问题解决时、在实际问题解决期间和在问题解决之后他们的心理经验。例如，瓦特首创分段内省法，在“定式”实验中，他将联想分为预备期、刺激字呈现期、反应字探索期和反应字发出期四个阶段，要求被试分别及时内省并报告每个阶段的心理活动。依据实验内省法，符茨堡学派相继提出了“意识的态度”“定式”“决定倾向”等表征无意象思维的概念，冲击了早期联想主义心理学对心理操作的解释，同时也证明，实验内省法可以用于像思维这样的高级心理过程的研究。

同样是冯特的学生，构造主义的创立者铁钦纳则在冯特开创的道路上走得更远。与冯特一样，铁钦纳也以获得心理学的客观知识为基本目标，并力图从意识自身寻求对意识的解释与说明。在他看来，心理学是一门类似于生物学中的形态学的纯科学，并且具有和物理学同样的研究对象，即经验，心理学与物理学也都以观察为基本的研究方法。但是，物理学研究与心理学研究的区别在于，物理学研究的是不依赖于经验者的经验，而心理学研究的是依赖于经验者的经验，这一点与屈尔佩是一致的。鉴于研究对象的区别，物理学的观察是审视或外部观察，心理学的观察则是内省，即内部观察。受马赫实证主义的影响，铁钦纳认为意识中没有不可观察事件的地位，心理学的任务就是要对意识进行观察和精确描述。他为心理学确立了“是什么”“怎么样”和“为什么”的任务，即找出构成意识经验的所有基本的感觉元素，并确定它们是如何联结为复杂的知觉、观念和意象，以及解释这些元素所构成的心理是如何运行的。为了达到这一目标，铁钦纳首先着手改造了冯特的实验内省法以使其更加客观，也更加复杂。

他对内省描述提出了更加严格的实施规则，例如，必须是对训练有素的观察者才可以使用；在内省的过程中，要高度注意并精确地加以记录；实施内省时必须排除无关因素的干扰，包括环境因素和观察者自身因素；观察者必须无私客观地描述意识过程等。在具体实验中，如果被试对所要内省分析的对象命名，那么则是犯了刺激错误，正确的做法是描述刺激物的感觉特征。以这种方法，铁钦纳构建出了一个类似于化学元素周期表的心理元素周期表，他区分出30500种视觉元素、12000种听觉元素、4种味觉元素、3种消化道元素等，这些元素通过联想联结为复杂的知觉、观念和意象。显然，较之于冯特，铁钦纳将实验内省法彻底推到一个死胡同，如果说冯特在运用实验内省法时因为没有严格的控制以及未能在高级心理现象的研究中发挥作用而使实验内省法尚有进一步探索的价值的话，铁钦纳经过精心改造的所谓客观的实验内省法，则充分挖掘了实验内省法在心理学研究中的全部可能，就是这样一种严格的内省，说到底也无法摆脱主观思辨的色彩。

另一方面，在进化论的影响下，意识研究拓展到适应性行为研究，内省法的价值遭到质疑，但却并未被完全抛弃。这方面的发展主要体现在美国心理学中，特别是美国机能主义心理学思想中。总体而言，美国机能主义心理学是在进化论思想、实用主义哲学的影响下，在美国本土的欧洲机能心理学思想的延续。与冯特、铁钦纳从意识自身寻求对意识的解释与说明不同，机能主义力图从意识、行为与外界环境的关系中寻求对意识的解释与说明。与冯特同一时代的威廉·詹姆斯是这一思想的早期代表，同时他也是实用主义哲学的重要代表。受达尔文进化论的影响，詹姆斯认为，真实的观念是我们可以吸收、证实、确证和检验的观念，判断观念正确与否的标准，应是它的有用性。詹姆斯相信人类经验中的所有得到一致报告的方面都值得研究，而不管是哲学的方法还是科学的方法也都应当得到运用。反映在心理学中，他强调既要研究动物、儿童，变态者，又要研究健康之人。虽然詹姆斯将心理学看作是一门自然科学，但在研究方法上，他认为既可以使用实验法，又可以使用内省法和比较法。并且，“内省观察是我们不得不最先、首要和始终依赖的东西。”① 基于这样的考虑，詹姆斯研究了从人类认知、情绪、意志到行为甚至是宗教体验等多个主题，集中体现在他的《心理学大纲》一书中。此外，詹姆斯还阐发了不同于冯特和铁钦纳的元素分析的整体论心理学思想，在他看来，意识不是一些割裂的片段，而是一种整体的经验，一种川流不息的状态，将意识分割为元素的做法是错误的。在心理学应用性的问题上，詹姆斯主张心理学是一门应用科学，从而与铁钦纳的纯科学主张相去甚远。

詹姆斯之后，杜威于 1896 年写了《心理学中的反射弧概念》一文，明确阐发了与构造主义的还原论思想相对立的整体论思想，强调心理学应以人和动物的适应性行为为研究对象，被看作是机能主义心理学的正式开始。机能主义心理学有狭义与广义之分，机能主义的芝加哥学派一般被看作是狭义的机能主义，因为这一学派在研究对象上强调意识的机能而直接与构造主义相对立，代表了美国机能主义总趋向的哥伦比亚机能主义则被看作是广义的机能主义。芝加哥机能主义以杜威、安吉尔和卡尔为主要代表，哥伦比亚的机能主义则以卡特尔、武德沃斯和桑代克为主要代表。尽管在具体的理论观点上，他们之间并不完全一致，但这两种学派及其代表人物均以获取对人的意识与行为的客观知识为目的，并将研究的重心从意识逐步拓展过渡到适应性行为，其特点主要有以下几个方面：

首先，进化论的观点被广泛接受，架起了人与动物之间的桥梁，实验方法被大量用于动物研究，心理学的研究对象也逐渐从意识拓展到行为。

① 詹姆斯．心理学原理（第一版）［M］．田平，译．北京：中国城市出版社，2003：260.

例如，杜威反对意识和行为研究中的元素主义，在他看来，正如存在着詹姆斯所讲的意识流一样，也存在行为流。“现在的行为”赋予感觉以意义，甚至决定着感觉。一种刺激，只有当它与我们现在的行为相联系时，才能成为一种感觉并具有价值。如果忘掉意识的“可能存在”，而代之以客观地描述动物和人的行为，将会是很有益的。① 卡尔将心理学的研究对象看作是适应性活动，在适应环境的过程中，知觉和行为都是必需的。因此，意识和行为都是心理学研究的对象。桑代克被看作是机能主义心理学家中最为重要的一位，他以自然科学的心理学为目标，以动物实验为研究手段，取得了重要的研究成果，可以说，他的工作代表着机能主义向行为主义心理学的过渡。② 在桑代克之前，有关动物研究的客观观点主要表现在英国动物学家摩根的“吝啬律”、德国学者洛克的向性说以及美国心理学家沃什伯恩的研究中。摩根主张，只要能用低级的心理机能来解释的行为就绝对不用较高级的心理机能来解释，因而，非人类动物并不具备和人一致的思想和情感。洛布则提出向性说，以无机物运动的物理化学规律解释植物的运动乃至动物的行为。沃什伯恩亦以动物研究为旨趣，虽然她以受控制的行为表示认知过程，但她主要关注了动物的意识。直到桑代克的研究，心理学中才有用客观的实验方法来研究动物行为的思想。桑代克设计了一个迷箱来研究动物的学习行为，在实验中，他使用了老鼠、小鸡、猫、鱼、狗、猴子乃至于人作为研究的被试，他发现，动物的学习是一个尝试错误的过程，也就是在感觉印象和反应之间建立联结的过程。并且，人类和动物的学习原理是一致的。为了进一步说明联结的机制，桑代克在实验的基础上，提出了学习的效果律和练习律。这样，机能主义心理学在研究对象上，

---

① 彭运石．人的消解与重构——西方心理学方法论研究［M］．长沙：湖南教育出版社，2009：53.

② 赫根汉．心理学史导论［M］．郭本禹，译．上海：华东师范大学出版社，2004：544.

逐步实现了从只研究意识到重点研究行为的转变。

其次，内省法的价值遭到质疑，但并未被完全抛弃。与动物心理学的成功和行为研究的重视相应，客观实证的研究方法受到机能主义者的青睐，但对内省法仍留有余地。卡尔将内省法和实验法都看作是心理学研究的合理方法，他认为，“心理动作可以主观地或客观地加以观察。客观观察指的是理解他人行为中所反映出来的心理操作。主观观察是指人们认识自己的心理操作。”[①] 但他更喜欢实验法，因为动物研究一再表明，内省法是不适用的。卡特尔也指出，心理学除非建立在实验和测量的基础上，否则他就不能达到自然科学那样的明确和精密。桑代克虽有着强烈的行为主义倾向，在研究中也主要采用实验法，却并不能被称为行为主义者。因为他采用了一些心理主义的术语，诸如“令人满意的事态”之类，且不愿意完全放弃内省分析，并认为内省法在研究人类意识时是有用的。

机能主义心理学在心理学研究对象上，从意识拓展到行为，虽重视行为研究，但意识仍有一定的地位；在研究方法上，贬内省，重实验，但终究未放弃主观的内省法。正因如此，机能主义乃是心理主义主观范式阵营中的一员。

至此，我们讨论了心理主义时期主张心理学的自然科学定向，并努力在具体研究中实践客观研究方法，但却没有摆脱哲学心理学思辨痕迹，从而在方法论上属于主观范式的心理学思想体系。接下来我们要讨论的则是突出心理学的人文科学特性，在具体研究实践中突出主观思辨方法的心理学思想体系。

前已述及，冯特虽主张心理学的自然科学定向，但在方法论上，他却表现为主观范式。与冯特同时代的哲学家、心理学家布伦塔诺，虽在心理

① 叶浩生．西方心理学的历史与体系［M］．北京：人民教育出版社，1998：167.

学是研究意识之内容还是研究意识之动作上与冯特有明确的区别，但在心理学研究的方法上，二人不谋而合。冯特主张用历史分析法和自然观察来研究高级心理过程，以期弥补实验内省法的不足。布伦塔诺则重提内省法，认为对意识活动的研究，非内省莫属。在他看来，心理学研究的重点不应该是意识是什么，而应该是意识怎么样、做了什么的问题，因而心理学关注的应是动态的心理过程，而非静态的意识内容。例如，心理过程就包含了判断、期待、推理、质疑等意识活动，且这些意识活动总是指向于一定的对象，即某物被质疑，或者期待某物如何等。布伦塔诺采用意向性来说明心理过程的这一特性，每一个心理过程都有其外在于自身的对象，并与之统一在一起。听音乐和听到的音乐是不同的，听音乐是意识的活动，是一个心理过程，而听到的音乐，是这一意识活动的对象。心理学研究的既然不再是那种一成不变的意识内容，而是动态的意识活动，那么，实验法就无能为力，实验内省法也无用武之地。有用的乃是指向完整的、有意义经验的内省，即现象学内省。

斯顿夫是布伦塔诺的学生，胡塞尔的老师，在现象学哲学阵营里，因其同时强调实验法和现象学方法的重要性，他的现象学又被称为实验现象学。在他看来，经验是一切科学的研究对象，现象如音、色、味等感觉、意象是现象学的研究对象，心理机能如知觉活动、组合活动、理会活动、欲望活动、意志活动等才是心理学的研究对象。因而，现象学只是心理学的预备学科。在对心理学研究对象的理论观点上，他和布伦塔诺是一致的。斯顿夫认为，心理活动应该作为意义单位来加以研究，就像他们发生在个体身上一样，不应该做进一步分析，否则其完整性将会被破坏。因此，必须强调心理经验的完整性，反对意识的元素分析。例如在乐音心理学的研究中，他反对冯特的实验研究方法，而注重现象学方法的运用。这种注重整体研究的现象学倾向很快成为德国格式塔心理学的基础。

格式塔心理学又称完形心理学，三位主要创立者——惠特海默、考夫卡、苛勒都是斯顿夫的学生，受其影响，他们反对心理学中的元素主义和还原论，转而强调整体主义的研究原则。在他们看来，部分之和不等于整体，整体大于部分之和，因为我们所经验到的不是事物孤立的片段，而是事物有意义的、完整无缺的整体形态。“格式塔”一词正是对这种整体主义态度的强调。在他们看来，元素主义和行为主义均犯了把整体的意识经验或行为分解为元素和部分的错误，这样做毫无意义，不能揭示科学的任何东西。“格式塔心理学认为个人知觉和体验都是整体性的，因此研究方法也必须遵循这一特点。但也有个别意识内容的出现与之不太相符。因此所有格式塔心理学派都比较典型地或多或少采用了现象学方法。”[①] 格式塔心理学的现象学方法在应用上与整体原则密切结合，主要表现为两个方面：一是对内省法的强调。在他们看来，心理学的研究对象有着与物理学的研究对象不同的特性，物理学研究客观经验，这类经验是可以共证的，可以采用观察和实验方法加以研究，心理学既研究客观经验又研究不可共证的主观经验，因而除了必须采用观察法和实验法，还需要采用内省的方法，即现象学的方法，关注那些自然呈现在意识之中的现象学的经验，并且只有采用现象学的内省，才能够完整地揭示这种经验。二是在实验法的使用上，必须注重整体原则，即将心理现象、生理现象和行为环境看作是完整的格式塔，是有意义的整体，因而也就必须放置在一个整体中加以把握，将质的研究与量化分析结合起来。考夫卡曾称：“实验与观察要双管齐下，一种对于现象极好地描写，其实本身就可以排斥许多的理论而指出正确理论所必有的特点，这种观察我们名之曰‘现象法’……所谓现象法就是竭力予直接经验以朴素而丰富地描写。”[②] 他此处所讲的现象法，即传承于

① 吕克．心理学史［M］．吕娜，等译．上海：学林出版社，2009：76.

② 叶浩生．西方心理学的历史与体系［M］．北京：人民教育出版社，1998：432.

斯顿夫的现象学方法。

主观范式同样体现在弗洛伊德所创立的传统精神分析中。弗洛伊德是心理学中为数不多的非学院派心理学家，早期的医学训练使他相信，心理学能够成为一门自然科学，并着手《科学心理学计划》的写作，尽管这本书因为不能达到弗洛伊德的要求最终于1950年才出版，且他试图以完全的神经物理学的术语来解释心理现象的努力最终失败，但对作为一门严谨的能够接受实证检验的心理学的向往似乎是其一生的追求。在后期的理论中，都多多少少可以看到他在这本书中所展现的思想痕迹。不过，弗洛伊德尽管有朝向一门自然科学之心理学的努力，但实际上他的研究就方法论而言，距离客观范式越来越远，而与主观范式越来越契合。早期，弗洛伊德主要运用催眠疗法来为病人诊疗，在治疗过程中他发现，即便病人并未被催眠，仍然可以在医生的鼓励下自由回忆，想起童年时期的创伤性经验，而一旦回忆起来，就可以达到与催眠同样的效果，他称这种方法为自由联想，这也是发掘潜意识内容的第一条途径。尽管自由联想有其重要价值，但很快其缺点也暴露出来了，那就是精神分析医生无法对自己进行自由联想。很快，弗洛伊德就找到了发掘潜意识内容的第二条途径——梦的分析。在他看来“梦的解释是了解潜意识心理活动的光明大道。”[①]梦的内容有显性与隐性之分，对于显性内容即显梦，人们可以根据其所展现的内容加以了解和解释，但是，这不过是梦的伪装，梦的真实内容是其隐性部分，即隐梦。梦是愿望的满足，但有些愿望无法直接表达，便在睡眠中以象征的形式表达出来。梦的工作包括凝缩和移置，凝缩是指梦中的一个事物可能代表实际中的多个事物，而移置则指梦中的事物是与实际引起焦虑的事物相同或者相似的事物。通过梦的分析，能够很好地揭示这些被压抑的潜

① 赫根汉．心理学史导论［M］．郭本禹，译．上海：华东师范大学出版社，2004：786.

意识欲望，找出心理疾病的原因。不过，梦的解释是一项相当复杂的工作，因而后期弗洛伊德又发展了发掘潜意识内容的第三条途径——日常生活分析。他发现，日常生活中的许多微小错误，如口误、笔误、小事故等，都有其发生的原因，很可能是由潜意识动机所驱使的。通过对日常生活中的这些错误的分析，也能够揭示被压抑的潜意识内容，从而达到治疗心理疾病的目的。显然，弗洛伊德采用的这些主观研究方法及其结论，因缺乏实证证据而始终无法成为科学心理学的一部分，尽管事实证明，他的研究结论为今天的实验心理学的许多研究奠定了基础。“当弗洛伊德最初假设无意识心理过程存在时，他的设想广泛遭遇全然否认和不解……弗洛伊德扩展了可想象的领域，从而变革了临床心理学。这种扩展也为更晚近的‘认知’实现心理学的发展铺平了道路。现在，我们已毫无疑惑地接收了许多观点，即在我们身上存在着复杂的假设检验、记忆搜寻、推论——简言之，信息加工，尽管完全无法通过内省来察觉。”①

荣格与阿德勒是弗洛伊德两个最重要的学生，也是精神分析早期的重要代表。因在力比多的性质问题上他们与弗洛伊德看法迥异，先后背离了弗洛伊德。在弗洛伊德看来，力比多即性本能，它是人格发展与个体行为的内在推动力。而荣格则将力比多视为心理过程的强度，是一种普遍的生命力，并试图在艺术、宗教及人们的幻想中寻求其人格理论的证据。阿德勒则排除了弗洛伊德的性因素在儿童发展中的作用，突出社会文化因素的重要性。在与弗洛伊德分道扬镳后，荣格提出集体潜意识理论，自创分析心理学，阿德勒成立个体心理学体系，开创了精神分析社会取向的先河，并影响了人本主义心理学的产生。尽管在力比多性质问题上与弗洛伊德不同，但弗洛伊德开创的精神分析方法均被二人接纳，此后该方法又逐步成

① 米切尔，布莱克．弗洛伊德及其后继者——现代精神分析思想史［M］．陈祉研，等译．北京：商务印书馆，2007，10.

为重要的心理学研究法则。在塔维斯托克诊所的讲演中，荣格提出有三种探索无意识的途径：词语联想、梦的分析和积极想象。词语联想是让被试按照一种简单的规则，对一定特定的刺激性词语做出自己的联想和反应。在词语联想实验中，被试对一些词会有明显反应延长现象，荣格认为这是因为这些词与被抑制的潜意识中的各种情结有关，任何触及这些情结的词都会反应变慢。借此荣格提出了著名的情结理论，并把它看作揭示潜意识内容的重要途径。在对梦的分析中，荣格采用了原型象征的方法，在他看来，释梦的目的不是像弗洛伊德那样去掉梦的伪装，而是将梦看作一种自然而然的现在，去关注梦本身，梦所标的正是无意识所要诉说的内容。释梦的工作就是要找出梦所代表的原型意象，从而找出患者内在的问题。在荣格看来，词语联想、梦的分析都是间接沟通无意识的方法，积极想象则是直接获取无意识的技术。1935 年，荣格正式使用“积极想象”一词，在积极想象中，个人积极参与到想象中，一种新的前所未有的情境得以展现，在这个情境中，潜意识的内容被展现在意识状态中。[①] 可以说，荣格探索潜意识的目的和方法着实与弗洛伊德有所区别，但他们却共同践行了主观范式的心理学研究方法。精神分析的另一位早期代表、个体心理学的创立者阿德勒，虽然承认梦的分析在揭示潜意识上的重要作用，但对于他而言，梦不是欲望的满足，梦是生活方式的展现。在他看来，“梦是当前的现实问题与生活方式之间的桥梁，但生活方式不应得到任何加强。它与现实必须直接接触，梦的种类繁多，但每一个梦都能揭示出根据所处的特定情境，个人觉得自己的生活方式在哪一点上需要增强。因此，梦的分析总是为个人所独有的……梦是生活方式的产物，来自个人对自己特定环境的解析。”[②]

---

① 申荷永．心理分析：理解与体验［M］．北京：生活·读书·新知三联书店，2004：142-151.

② 阿德勒．生命对你意味着什么［M］．周郎，译．北京：国际文化出版公司，2000：81.

而且在他看来，对梦的这种理解，与弗洛伊德对梦的分析一起，是诸多对梦的解释中具有科学性的两种。[①] 当然，阿德勒之所以将梦看作是意识与潜意识之间沟通的桥梁，乃是因为他的整体主义心理观，他将人视为有机的整体，人的意识与无意识、主观性与客观性、个体性与社会性都是不可分割的，即使是对单个人的研究，也应放在家庭、周围环境和社会的意义场之中，通过对人的自卑感、优越感、价值观、生活风格、社会兴趣、动机和创造性自我的分析，通过对人的主观理解而全面地研究人。[②]

综上所述，心理主义主观范式有着对心理学客观知识的追求，并力图借鉴自然科学的模式来研究人的心理与行为，以意识为研究对象，并逐步纳入行为，且实验法与内省法并举。就保留主观对象及与之相适应的主观方法而言，无疑有其积极的一面。但我们也要看到，从冯特、铁钦纳对意识自身的关注到机能主义对意识与外在环境的关注，体现出心理主义主观范式在本体论与方法论上逐步从主观走向客观的特征，这种在本体论与方法论上坚持主观，而在认识论上坚持客观的研究范式，归根结底乃是一种不彻底的客观主义的心理学诉求。

第二节 人文主义主观范式的形成与发展

人文主义主观范式是人本主义心理学家坚持主观研究对象与主观研究方法的结果，也是人文科学心理学家反思、批判客观范式的结果。从某种意义上讲，它就是人本主义心理学的方法论。人文主义主观范式有三种不同的形态：人本学的主观范式；知识论的主观范式；人本学与知识论相统

① 阿德勒．生命对你意味着什么［M］．周郎，译．北京：国际文化出版公司，2000：70.
② 叶浩生．西方心理学的历史与体系［M］．北京：人民教育出版社，1998：345.

一的主观范式。总体而言，人文主义主观范式的这三种形态均是以人文科学思想的发展、现象学、解释学和存在主义哲学以及人文科学心理学为基础而形成的，均确立了人本主义的世界观、直觉主义的研究路线、整体主义的研究原则，并采用主观经验的研究方法，但它们各自的内涵与特征又不完全相同。下面在总体介绍其形成的基础上，分别加以论述。

一、人文主义主观范式的形成

（一）科学基础

人文主义主观范式的萌芽与奠基，首先得益于人文科学思想的发展。19世纪末20世纪初，自然科学已经取得了举世瞩目的成果，自然科学的研究原则也成为广泛应用的方法论原则，自然科学成为真理的代名词。但在巨大的成就面前，人们对自然科学自身及其在人类生活中的地位进行了反思与批判。这种反思与批判首先体现在人文主义者对自然科学霸权地位的挑战和对人文传统的追寻。狄尔泰是他们当中最杰出的代表，正是他建立了人文科学的基础。他指出，人文科学是以人类主观的和意识变化的形态进行描述的心理学，解释学是人文科学的方法论。不同的研究主题，决定了精神科学的研究方法不同于自然科学：①自然科学立足于对物理对象及其过程的观察，而精神科学则立足于对“精神客观化”的理解。②自然科学与常识或日常经验之间有着一条不易逾越的鸿沟。③自然科学建立自己世界的基本单位（如分子、原子）是一些假设性结构，要素本身无个体性，彼此间有同质性，其内在本质无法获知。精神科学的基本要素则是个别的精神，它们是现实的或具体的，我们可以从内部知觉到自己的内在结构，并由此达到对他人内在生命结构的理解。④自然科学在一般规律性方面优于精神科学，而精神科学则在个体的丰富性上优于自然科学。⑤自然科学对价值判断不感兴趣，而在精神科学中，一切思想都是价值论的，都从价值的观点选取自己的事实并形成自己的问题。[①]简而言之，即人文重在理解，自然重在说明。对人文科学之不同于自然科学的特性的追寻，进一步促进了人文科学方法论的发展。“从总体上看，人文主义者对于人文社会科学方法论的可能性和特殊性论证在于：人文世界、精神世界、文化世界是个意义世界、价值世界，涉及人的主观方面，是与人的信念、动机、思维、情感、需要、愿望等密切相关的，具有强烈的个体性、价值性、习得性和偶然性。不存在像自然世界中那样强烈的和普遍有效的因果性，不可能通过经验的观察客观地描述和解析，而只能通过个体的交往加以理解和解释。因此，理解基础上的解释和解释性的理解是研究人文社会科学的最重要方法论，也是其最本质的特征……与科学主义者所提供的定量化的、实用的、应用性的和累积性的人文社会科学模式不同，在人文主义者看来，人文社会科学模式是主观性的、解释性的、定性的、个体性的、多元化和非累积性的。”[②]正因为人文科学与自然科学的重大差别，凸显了在研究与人的主观性密切相关的需要、兴趣、动机、情感及新年等主题时，应采用与之相应的人文科学特有的研究方法。

其次，自然科学家内部对于科学至上、科学沙文主义等问题进行了反思，指出自然科学的研究模式在解析自然现象是成功的，但如果将这种模式不加区别地应用于人类社会的研究，则是危险的。例如，1930年爱因斯坦就曾明确指出：“目前流行把物理学的原则应用在人类生活上，不仅犯了极大的错误，甚至应严加谴责。”遗憾的是，这一呼吁未曾引起心理学界的重视。1955年，有“原子弹之父”之称的奥本海默应美国心理学会之邀，在《美国心理学家》杂志上发表了《科学中的类比》一文，再次警告

① 彭运石．人的消解与重构——西方心理学方法论研究［M］．长沙：湖南教育出版社，2009：53，86.

② 欧阳康．人文社会科学哲学［M］．武汉：武汉大学出版社，2001：45.

心理学家在运用类比方法上应当谨慎，“在不同性质的学科之间，直接采用结构形式上的类比，对研究并没有太大的帮助。伪牛顿派在社会学上的研究至今仍是笑柄，心理学也类似地采用机械论观念来解释心理现象。据我所知，当物理学家进入生物学领域，他们对事物运作的初步认识极其幼稚、死板，只看出事物在物理学家的规定下的运作方式，而并非事物的日常运作。每当听到物理学家与心理学家都采用同一个词‘场’（field），我就感到浑身不自在。我们应特别小心那种生搬硬套式的类比手法，特别是在将自备一套译码、资料转换成目标等概念的学科与另一门不具备此类概念的学科进行比较的时候。”①

毫无疑问，这些思想对于心理学保留主观研究对象及与之相适应的主观研究方法奠定了基础，从而成为人文主义主观范式的形成的思想源头之一。

（二）哲学基础

解释学、现象学及存在主义哲学则为人文主义主观范式的形成奠定了哲学基础。解释学又称释义学、诠释学，最早可追溯到古希腊人对荷马史诗的解释与批评，中世纪则发展成为一种理解和解释的具体方法，用以解释《圣经》或古文，即文献解释学。18 世纪解释学有了巨大的发展，既是哲学家又是神学家的施莱尔马赫将之发展成为一般性的理解和解释问题的认识论和方法论，即一般解释学。受康德的影响，施莱尔马赫将解释分为语法解释和心理解释两种，前者也被看作是“客观的解释”，主要是明确作者的语言特点，后者则主要用于重建作者的创作过程，对他而言，心理解释才是解释学的根本目的。19 世纪之后，解释学表现为两种不同的传统。首先是从新康德哲学和德国历史学派，到韦伯的社会学和弗洛伊德精神分

① 彭运石．人的消解与重构［D］．长春：吉林大学，2000.

析下来的传统，这一传统以客观主义为特征，认为对人类意义的研究能够导向客观现实。其突出特点是将解释学作为认识论和方法论，因而又称方法论或认识论解释学。另一种语言哲学传统则源自海德格尔对胡塞尔的现象学的批判，然后是维特根斯坦、伽达默尔和文齐。这一传统的解释学主要以人文科学为特色，他们强调主观主义，否定科学的客观性，认为科学无法超越其文化文本。其突出特点是将认识论和方法论的解释学发展为本体论的解释学，成为理解和解释人及其存在的一般哲学思想，故又称为本体论或存在论解释学。①

方法论解释学主要代表是狄尔泰。他充分认识到了施莱尔马赫的解释学在哲学研究中的重要性，把施莱尔马赫的解释学由单纯的文本研究扩展到对现实世界中的人的研究，即生命解释学。这样，解释学不仅具有方法论的意义，而且具有了认识论意义。前已述及，正是他建立了人文科学的基础。而对人文科学之不同于自然科学的特性的追寻，进一步促进了人文科学方法论的发展。除狄尔泰外，新康德主义者文德尔班、李凯尔特虽仍将心理学归属于自然科学之列，但他们将自然科学与“历史科学”或“文化科学”的差别归结于其科学研究的方法论上，产生了重大的影响。在文德尔班看来，自然科学的方法为“规范化方法”，历史科学的方法则为“个别记述方法”。任何特定的对象均能由这两类科学来研究，完整世界图景的建构有赖于这两类科学方法的同时使用。李凯尔特则在继承文德尔班思想的基础上，明确提出了自然与文化、自然科学与文化科学的对立。韦伯试图通过综合解释和理解来统一科学方法，他区分了两种理解，一是理性理解和移情理解，二是直接理解和解释性理解，并重点研究了后者。在他看来，科学应该保持价值中立。方法论解释学还包括弗洛伊德的心理分析，

① 德兰狄．社会科学：超越建构论和实在论［M］．张茂元，译．长春：吉林人民出版社，2005：38.

他以无意识为理解的对象，以梦为分析的文本，强调对压抑机制进行反省和启迪。在人文主义主观范式中，知识论主观范式认为心理学应采用带有主观性的研究方法探讨人文科学之主题，可以获得摒弃了主观性的客观知识，正是以方法论解释学为基础的。本体论解释学主要以海德格尔、伽达默尔和维特根斯坦为代表，与方法论的解释学相比较，他们更强调解释的主观性。海德格尔赋予理解以本体论的意义，认为理解是此在与存在的根本关系的基础，是人的所有活动的基础。并且，理解与语言关系密切，因而不可能超越文化背景而存在。维特斯根坦则认为所有现实都是语言建构的，科学本身只是语言游戏而已。伽达默尔认为，19 世纪德国古典解释学最突出的问题就是，它虽然表明人文科学的合理性，但由于接受了以主客体相分裂为基础的主观与客观的区分，把理解的历史性作为阻碍获得客观真理的东西加以拒斥和否定。因而将解释学的任务看作是克服由于历史时间间距造成的主观成见和误解，历史性被看作是应予以克服的主观的偶然的因素。[①] 伽达默尔认为，承认作者的历史存在，即意味着我们无法超越作者与读者的文化，并且理解行为正是依赖于理解者的文化与被理解的世界的。解释学的目的不是去克服历史局限，拒斥主观，而是达成“视野的融合”。这样，本体论的解释学将方法论的解释学拓展到了本体论问题，解释学成为理解和解释人及其存在的一般哲学，同时又是人文科学的一般认识论和方法论。人本学的主观范式确立以追寻生命的本质、获取存在的意义与价值的研究目标正是建基于本体论的解释学思想。

现象学是西方哲学中的一个重要流派，包括广义的现象学和狭义的现象学。集哲学家与心理学家于一身的布伦塔诺被认为是现象学的先驱，他以对哲学的科学改造作为自己的目标，分别描述心理学与发生心理学，并

① 刘放桐 . 新编现代西方哲学［M］. 北京：人民出版社，2000：496.

探讨了内知觉、内省，“意向性”等心理学问题，意图使心理学成为“真正科学的心理学”。几乎与此同时，斯顿夫走出了实验现象学的道路，并将现象学用以指导心理学研究，虽他本人甚至都否认自己是一个现象学家。“在这里给予斯顿夫以如此重要地位的决定性原因，是他作为最活跃的研究者，将现象学方法引入心理学并将这种方法在心理学中加以传播。”① 艾德蒙德·胡塞尔则以他对现象学的独特贡献而当之无愧地处于整个现象学运动的核心，他的严格科学的理想、哲学上的彻底精神、彻底自律的精神气质，以及对主体性的追求贯穿于其哲学研究的一生。马科斯·舍勒的现象学、尼古拉·哈特曼的现象学、马丁·海德格尔的现象学，以及让–保罗·萨特、梅洛·庞蒂、保罗·利科尔等的现象学均是广义现象学的组成部分。但无论怎样划分，现象学方法却是众多现象学家少有分歧的地方。现象学方法是作为对自然主义、实证主义、逻辑主义和心理主义的简化原则（经济原则、奥卡姆剃刀原则）由胡塞尔所提出来的。不过，在现象学方法的诸多步骤中，只有前三个步骤得到了现象学家的广泛认同。第一步是对特殊现象的现象学直观、分析与描述，由于现象学直观、现象学分析和现象学描述之间的差别较小的缘故，我们可以将第一步骤简称为“殊象直观”。殊象直观要求将精神高度集中于被直观的对象上，并且不带任何偏见，不能为直观的对象所同化以致再也不能批判地观察它；对于直观所得的现象，必须查找出构成该现象的诸要素和结构；在经过直观和分析之后，还必须对现象的本质特征加以描述，由此可以发现，这里的描述已经包含了对本质的考察。对于本质的考察构成了现象学方法的第二个步骤，通常称为“本质直观”。本质直观这一说法遭到了众多的批判，包括来自存在主义的、格式塔心理学的以及布伦塔诺和施图姆福等现象学先

① 施皮格伯格．现象学运动［M］．王炳文，等译．上海：商务印书馆，1995：100.

驱人物的批判等。但在胡塞尔那里，本质并没有高于或者与特殊存在的实在所具有的实在性相等同，因而，这一步骤仍然是构成现象学方法的共同要素。只有通过“本质的直观”，才可以把握现象的本质。在对现象的本质有所把握之后，还必须探讨个别现象的本质之间、不同现象的本质之间的关系，这就构成了现象学方法的第三个步骤。对本质关系的考察又是“先验的”，这种“先验的”的考察在胡塞尔那里被称作“范畴直观”。这种直观是以高度系统的方式，并且诉诸想象而得以进行的。通过以上三个步骤，从对特殊现象的不带偏见的直观开始，把握现象的本质，并对现象的本质之间的关系进行进一步的直观，这样一种研究思路为广义的现象学运动的现象学家们所广泛采用。显然，通过现象学直观，心理学能够获得完全摒弃了主体性的客观知识，这样，现象学的直观方法与方法论解释学，构成了知识论主观范式的哲学基础。

存在主义发端于20世纪20年代的德国，40年代又在法国流传和活跃起来的一种西方哲学思潮。它从揭示人的本真存在的意义出发来揭示存在的意义和方式，从而进一步揭示个人与他人以及世界的关系。它反西方哲学的形而上学传统，试图从人的个人存在解释现实世界。存在主义者从“人的存在”出发批判人生，主张“存在先于本质”，但他们对人生的状况、人的价值、命运和前途的看法又不完全一致。在对存在、自由等问题上也无统一的样式。克尔凯郭尔通常被看作是存在主义的先驱，他的非理性主义思想成为整个存在主义的基础，他反对黑格尔那种对于客观性的追求和对全体的热爱，主张真理寓于主观性之中，主张真正的存在是由感情的强度达成的。[①] 在他看来，孤独的、非理性的个人存在是全部哲学的出发点，应以个人的非理性的情感，特别是厌烦、忧郁、绝望等悲观情绪代替对外

① 华尔．存在主义简史［M］．马清槐，译．上海：商务印书馆，1962：3.

部世界和人的理智认识的研究。海德格尔则是从本体论角度来看待存在问题的，他认为，传统形而上学的一个根本错误是忽视存在者如何存在的前提下肯定存在，用对存在者的研究取代了对于存在自身的研究，这是传统形而上学陷入危机的根本原因。而要解决这一问题，就必须深入分析存在本身。“由于形而上学就存在事物为存在事物加以探讨，所以它仍然只关涉到存在事物而没有就‘存有’为‘存有’而深加思索。”[①] 在他看来，存在者的存在是一切存在者的先决条件，具有本体论的意义，没有存在就没有存在者，但对于存在的探讨，则需要现象学的方法。海德格尔认为，为了达到存在者的存在，不能采取传统认识论倡导的、科学的和日常生活中流行的认知方法。因为在谈论对人的认识以前人早就存在了。人的存在是“天赋”的、既有的，对之只需做出描述，而无须进行逻辑推论。换言之，为了达到人的存在，不能依靠认识手段，而只能采用直接显现的、阐释的、澄明的方法。[②] 萨特则强调存在先于本质，认为人首先存在与自身相遇，在这个世界上崛起，然后才规定他自己。他区分了两种存在，一是自在的存在，是不以意识为转移的外部世界的存在，二是自为的存在，是对存在的否定和虚无，是一种不断超越、创造的活动。在对自在与自为的关系的讨论中，萨特力图建立一种超越传统二元论的存在论思想，他将人的自为的存在与人的自由联系起来，形成了其独特的自为观。在萨特看来，人就是这样的存在：先是有纯粹的主观性存在，然后才说明自身，即由它自由地选择和创造自己的本质，这种自由是绝对的，因而人是绝对自由的。在存在主义者看来，哲学的研究对象是“人”或“人的存在”，因为只有人能意识到自己的存在，人之外的万物，都不能意识到自己的存在，因而

① 考夫曼 . 存在主义——从陀斯妥耶夫斯基到沙特［M］. 陈鼓应，等译 . 上海：商务印书馆，1987：255.

② 刘放桐 . 新编现代西方哲学［M］. 北京：人民出版社，2000：340.

也就无所谓存在，只能是“虚无”。在认识论领域，存在主义以胡塞尔的现象学为依据，否认唯理论所说的思维主体与被思维的客体的对立。在存在主义者看来，真理不是一个，存在着许多真理，“主观性”即真理，因此发现真理不能借助于辩证的或推理的分析，而是要深入自身，研究自己种种亲身体验的结构。[①]他们还认为，人是个别的存在和活动的存在，人的存在的常态是烦恼、冒险和死亡等，只有从这种状态出发，才能揭示出人生的特点、价值和意义。基于这种观点，他们认为，以往的哲学最大的问题就是忽视了人的存在，“贬低”了人，不“尊重”人。他们主张，“提高人类”，关心人的价值，给人以尊严，给人以自由，把“人”“人的存在”，以至人的意识、人的心理状态作为自己哲学研究的对象。存在主义者声称超越了以往心物、主客二分的哲学，将人看作他自己，即人就是自己的“存在”，肯定了人的独特性，个体性以及社会性，强调人的自由，人的尊严和人的价值，主张主客统一、心物统一，从而避免了传统哲学在这一问题上的不足之处。存在主义对人的存在的肯定，对人的存在意义与价值的追寻，对人的主体性、个体性、价值性的探讨，对人本学主观范式有重要影响。

综上所述，在解释学、现象学和存在主义哲学中所蕴含的高扬人之不同物的独特本性，追寻生命意义与人生价值，以适合于人自身的特有的研究方法展示其主体性与主观性的思想路线，进一步催生了人文主义主观范式的形成。

（三）心理学基础

人文主义主观范式的形成还得益于人文科学心理学思想的发展。首先，人文科学心理学展现出人文主义主观范式所主张的心理学主题。例如，早期精神分析的主要代表弗洛伊德、荣格和阿德勒在各自研究中对无意识的

---

① 科萨克．存在主义的大师们［M］．王念宁，译．北京：中央编译出版社，2003：21.

追寻、对需要、动机、人格等主观对象的深入探讨，与人文主义主观范式所主张的心理学主题是一致的。其次，人文科学心理学的发展为人文主义主观范式的形成奠定了方法基础。如发端于布伦塔诺的现象学内省方法，经过其学生斯顿夫，被德国格式塔心理学所接受，并迅速成为格式塔心理学的基本方法论和研究意识问题的根本方法，进而成为人文主义主观范式的各心理学体系普通使用的研究方法。

总之，以人文科学，解释学、现象学、存在主义哲学以及人文科学心理学的发展为基础，人文主义主观范式得以确立。坚持人文主义主观范式的心理学家们积极地追寻生存的价值与意义，探寻心理学知识的本质，进一步诠释了主观范式的深刻内涵。

二、人文主义主观范式的发展

前已述及，人文主义主观范式有三种不同的形态：人本学的主观范式；知识论的主观范式；人本学与知识论相统一的主观范式。人本学主观范式以获取生命的意义与人的存在的价值为根本目标，知识论的主观范式则以获取知识为根本目标，人本学与知识论相统一的主观范式不仅追寻生命的意义与价值，而且以获取知识为根本目标，力图实现事实与价值的融合。下面就三种不同形态的主观范式各自的特征与发展脉络分别加以阐释。

（一）人本学的主观范式

人本学的主观范式是采用主观研究方法，探讨带有主观性的心理学主题，以获取生命的意义，探寻存在的价值为根本目标的心理学研究范式。罗洛·梅将心理学的基本任务定位于对人生意义与价值的获取，对人的独特存在的整体把握。超个人心理学则将超越个人的经验、神秘体验、人类存在的终极价值等作为研究的重点，是这一范式的具体体现。

罗洛·梅对人的存在分析是建立在他对客观范式进行批评的基础上的。

站在存在主义的立场，他从主客观分立的本体论角度对客观范式予以分析和批评。在他看来，人既是经验的主体又是被经验的客体，作为客体的人，与自然物一样属于物理的存在。但是，人除了具有客体性，人还具有主体性，这就意味着人不仅拥有经验，还要按照自己的方式对经验加以解释和评价，赋经验于意义。因而，对人的研究应是以人的存在这一基本前提为出发点。罗洛·梅认为，应该建立一门关于人的存在的科学，从本体论或存在论意义上真正解决人存在的矛盾。在他看来，这门科学在学科性质上，既不属于专门的人文科学，也不属于自然科学，而是关于人及其存在的整体理解与研究的理论。在心理学知识性质上，罗洛·梅深受克尔凯廓尔影响，将真理看作是主观的，认为一个人的信念规定了他的现实性存在。在研究原则上，罗洛·梅批评主流心理学采用客观范式极力将心理学自然科学化的做法，在他看来，一味追求客观化和数量化，追求实验与仪器的精密，其结果只会使人非人化，越来越远离了人的整体性与独特性的本体论存在特点。[①] 在研究的目标与任务上，关于存在的科学，应以发现和探索人的强烈的存在感，促使人重新认识自我存在价值为目标。个体性和参与性是人存在于世界以及存在感赖以建立的终极结构。要全面认识人，就应首先对人的内在结构有所了解。

在具体研究方法上，罗洛·梅则批评将客观方法看作是唯一可靠方法的观点，在他看来，应该以研究主题的不同选择不同的方法。就存在的科学而言，客观实证的方法只能起到辅助的作用，对人的存在感、主观性与个体性的探讨，最合适的方法乃是现象学的经验描述方法。在实际研究中，罗洛·梅十分重视神话分析的方法。他将神话看作是在无意义的世界中让人获得人生意义的一种方法，是传达生活意义的媒介物。神话具备四个功

① 车文博. 人本主义心理学 [M]. 台湾：东华书局，2000：236.

能：提供认同感；提供团体感；支持道德观；提供创造的条件。最好的神话就是能够鼓励人们加强亲属关系与团队协作的神话。在心理治疗的方法上，罗洛·梅注重吸收不同学派的心理治疗方法，融合了精神分析与人本主义心理学的许多具体咨询技术，如面谈技术、自由联想、移情、无条件的积极关注、交朋友小组等，表现出一定的整合特性。总之，罗洛·梅将他的关于存在的科学看作是真正以人为对象的科学，“我们提出的关于人的科学的大纲，将人看作是符号的创造者和有思考能力的人，是能够自由参与各种团体，并具备自由的潜能，行为合乎道德要求的哺乳动物。对于这一科学的追求与对实验的和自然科学的追求是一样的，需要严格的思维和全身心的训练。但是，它却在更广泛的背景上来看待科学事业，或许这将能够再次对人加以科学的研究，并且仍是把它看作是一个整体。”①

超个人心理学形成于20世纪60年代末期，又称超个体心理学，心理学“第四势力”，是马斯洛在晚年与萨帝奇等人共同发起的。总体上讲，它坚持人文科学的世界观，是西方超个人思想与东方文化（包括印度教、瑜伽术、佛教、中国道教、禅宗等）的结合，以超越个人的经验以及人的终极能力与潜能为研究对象。正如萨蒂奇指出，“正在形成中的‘第四势力’即超个人心理学在进行关于如下主题的科学研究和负责任的实践活动：成长、个体和种系的元需要、终极价值、统一意识、高峰体验、存在价值、入迷、神秘体验、敬畏、存在、自我实现、本质、极其快乐的境界、神奇、终极意义、自我超越、精神、一体性、宇宙意识、个体和种系的协同作用、最大限度的人际知遇、日常生活的神圣化、超越现象、宇宙的自我幽默和嬉戏、最大限度的感性觉知、反应和表达，以及一些有关的观念、体验和行为。”②

---

① May R.Psychology and the human dilemma［M］.New York：Norton，1967：199.

② Sutich A.Tanspersonal Psychology： An Emerging Force［J］. Journal of Humanistic Psychology，1968，8（1）：77-78.

在具体研究方面，超个人心理学家们各有侧重。格罗夫毕生致力于以下主题的研究：① 非正常意识状态的治疗和启发；② 在经验心理治疗中使用非药物技术和致幻剂；③ 运用超个人心理治疗的方法治疗精神病；④ 对患有精神危机的患者进行超个人治疗；⑤ 对于在量子物理学、生物科学、大脑研究、意识研究方面新出现的有关精神病学的理论和科学范式进行理论研究和分析。[①] 维尔伯则致力于精神性的整合，他将传统精神分析、自我心理学、皮亚杰学派、人本主义心理学以及超个人心理学的思想整合在一起，结合对东西方哲学、宗教的研究，提出意识谱理论。在他看来，意识可分为四个基本层次，代表个体对自己本体的不同理解，按照从高到低的顺序排列：心灵层、存在层、自我层和阴影层。正是精神而不是别的照亮意识的每一层次。阿撒吉奥里则以精神分析为基础，结合临床实践，对超个人自我进行了研究，提出了精神综合论的观点，将人格分为七个部分：低层潜意识、中层潜意识、高层潜意识、意识、意识中心自我、高层自我和集体潜意识。[②]

尽管超个人心理学在具体研究领域缺乏统一的框架，但是在对人及其本性的认识上，超个人心理学家延续了人本主义心理学家特别是马斯洛对人的主体性、主观性、价值性等特点的追寻，认为人是一个智慧的生物，并强调对人的超越性（灵性）的探求。个人生活的意义和价值，不是要停留在自我实现，而是要在个人与宇宙的关系中超越“小我”，实现“大我”。正如超个人心理学家们说的那样，“超个人心理学关注对人性的最高潜能的研究”“它是以宇宙为中心，超越人类和人性的心理学”。[③] 在对待已有研究的态度上，超个人心理学家努力寻求理性与非理性、主观与客观、

① 杨韶刚．超个人心理学［M］．上海：上海教育出版社，2006：59.

② 车文博．人本主义心理学［M］．台湾：东华书局，2000：500.

③ 宋广文，何文广．人性的复苏、回归与超越——从精神分析心理学到超个人心理学［J］．内蒙古师范大学学报（哲学社会科学版），2005，34（6）：82-85.

科学与人文之间对立的平衡点，构建整合的心理学。同时，他们致力于心理学已有基础理论的架构，将某一问题的不同流派的看法在超个人或超精神层面上加以整合和统一。如维尔伯的意识谱理论、塔尔特对科学研究原则与超个人心理学主题之间的统合、沃什对自我的整合研究等。但是，需要注意的是，超个人心理学家所讲的整合，乃是以人的精神性为出发点的。在心理学研究原则与方法问题上，超个人心理学赞成马斯洛的“以问题为中心”的研究倾向，坚持认为科学研究最重要的是应该解决那些“可以为之奉献精力的最关键、最紧迫的问题”，只要能够有效地解决这些问题，使用的程序即使不完全符合科学心理学的标准，也应该被认为是科学的；赞成人文主义的研究倾向而不排斥科学实证的研究方法，致力于研究人的意义、人生的目的、转换的意识状态、超个人体验等心理现象，但自觉或不自觉地运用实证科学的方法来验证或阐释他们提出的研究假设；主张用整体论的观点来看待人的精神世界和意识现象，尽可能多地考虑到影响人的心理现象的各种因素，包括环境、家庭、过去经验、意识状态等，从而力求全面地理解人的内心精神世界及复杂多样性和多变性。①

概括而言，人本学的主观范式以探寻人类存在意义与生命价值为目的，以现象学体验、神话分析、沉思、直觉等主观思辨的方法为手段，展现了人文主义主观范式的基本特征，但需要注意的是，这一范式虽有对心理学知识问题的思考，但关注的仍是如何获取生命的意义与存在的价值，并未过多关注心理学的知识的客观性问题。

（二）知识论的主观范式

知识论主观范式是采用主观研究方法以获取有关人及其心理与行为的知识为目标的研究范式，这一范式的心理学体系停留在有关心理学知识的性

① 杨韶刚 . 超个人心理学［M］. 上海：上海教育出版社，2006：25-27.

质、途径、意义与价值等知识论层面的问题上，缺少本体论层面的概括与提升，故称为知识论主观范式。狄尔泰的描述心理学、现象学心理学、人本心理学研究方案及新精神分析的一部分是知识论的主观范式的具体表现。

前已述及，狄尔泰认为精神科学与自然科学有着不同的方法论。并且，以解释学为基础，人文科学也可以获得像自然科学那样坚定可靠的基础。1894 年，他发表了《关于一种描述和分析的心理学的观念》一文，提倡用理解的方法来研究心理学。艾宾浩斯随后发表《关于说明和描述的心理学》一文与狄尔泰争论，心理学史上的说明与理解之争由此产生。在狄尔泰看来，理解和解释不仅是人们达到正确理解本文的重要手段，而且是人进入精神世界、历史世界、获取关于社会—历史现实的有效知识的唯一途径。在他眼中，人文科学所研究的社会—历史现实具有许多不同于自然科学的对象——自然的特征："自然对我们来说是死的"，缺乏内在生命，没有价值可言。而社会—历史现实则是一种有目的性的存在；自然没有自我意识，没有我，当然也就无所谓价值。而社会—历史现实则是能进行价值评价的存在；自然服从规律，社会—历史现实则服从规范、法律和规则；自然虽有自己的时间，但无严格意义的历史性。社会—历史现实则是一种历史性的存在；自然是作为同时和相继从外部提供给人的。而社会—历史现实则是作为一种整体关联，从内部呈现给我们的。狄尔泰对人文科学与自然科学的比较表明，人文科学研究同样可以获得客观性，心理学可以获得客观知识。但是方法论上，人文科学与自然科学则不一致。"我们说明自然，我们理解心理生活"。理解"指通过呈现于感觉中的表现而认识其心理生命的过程"，是通过进入他人的内心世界，重新去体验他人的心境，从而再现他人的内心体验和作品原意的过程。[①] 狄尔泰还强调了客观理解的方

① 彭运石．人的消解与重构——西方心理学方法论研究［M］．长沙：湖南教育出版社，2009：86.

法，认为这种客观理解建立在心理学之上，因而心理学被他看作是科学的典范。显然，狄尔泰描述的心理学是属于精神科学的范畴，在研究原则上，他反对以自然科学的方法研究人，强调直觉主义研究路线，在具体方法上，强调理解与解释的主观性方法也可以获得客观知识，体现了知识论主观范式的基本特征。

胡塞尔的现象学心理学也是建立在对自然科学心理学的批判之上的。胡塞尔认为，那些相信心理学是自然科学的人犯了把自然科学当作榜样的错误。詹宁斯（1986）揭示了胡塞尔的推理过程：心理学采用了物理科学所使用的实验方法（尽管心理事件缺乏“自然”事件的物理确切性），因为它希望能发表物理科学所喜欢的、具有同样权威型的知识……但是，心理学却无法完全采纳实验方法，而不去采取其内在的自然主义观点以及其信仰体系中固有的哲学问题。首先，任何直接通过“看”意识像什么而进行的意识研究，都是新的科学心理学主动禁止的，因为这种方法常被看作是非科学的“内省法”。其次，也是更重要的，心理学家强调将非自然的意识现象置于能被实验研究的物理事件之上。这个问题就好比一个傻瓜，他看到蛋盒中整齐地摆放着鸡蛋，觉得这是多么了不起的一件事啊，于是就想把 12 个橘子放到这个蛋盒中，而不是去找一个适合摆放橘子的新容器（对意识的现象学研究）。这个傻瓜剪剪捆捆，直到蛋盒适合放进橘子为止。然而更为糟糕的是，这个傻瓜损坏了橘子，在被误导的努力下强行把它们放入了蛋盒（对意识的实验研究）。[①] 特别是 1925 年，胡塞尔出版了《现象学的心理学》，对现象学心理学做了更为深入地分析。在胡塞尔看来，现象学心理学是以各种现象为研究对象，以本质还原为研究方法，以展现心理现象的本质为研究目的的先天的或本质的心理学、直观的或纯

① 赫根汉．心理学史导论［M］．郭本禹，译．上海：华东师范大学出版社，2004：413.

粹描述的心理学。它既是融通现象学与哲学的桥梁，又是经验科学心理学的基础。“随着这门哲学现象学的产生，一门新的、在方法和内容上与它平行，但刚开始时尚未与它区分开的心理学得以形成，这便是先天纯粹的或‘现象学的心理学’。这门心理学提出了变革的要求，它要求成为原则性的方法基础。只有在这个基础上，一门在科学上严格的经验心理学才能成立。对这门距离自然思维较近的心理学的现象学的解释可以看成一个引子。我们可以从这个初级阶段上升到对哲学现象学的理解。”[①] 这就意味着通过本质还原的方法，现象学心理学不仅能够获得关于意识的客观知识，而且由于它以各种纯粹的意识现象为对象，因而构成了以事实经验为对象的科学的经验心理学的基础。但是，现象学心理学坚持的乃是人本主义的世界观，在方法论上也体现出主观性的特征。

人本心理学研究方案是知识论主观范式的又一不同样态。它是早期人本主义心理学（此处指马斯洛、罗洛·梅等的人本主义心理学思想）面临自身无法克服的问题的情况下形成的，它意欲解决的是早期人本主义心理学试图解决又未能解决的主题，即确立与人的本质相适应的人文科学特有的研究方式。但遗憾的是，人本主义心理学新方案并未能实现它的基本目标，它在知识论层面上将人本主义心理学进一步推进，但缺乏对人的本质的全面把握，从而也就未能确立与人的本质相适应的人文科学特有的研究方式。

新一代人本主义心理学家在认识论上进一步拓展了早期人本主义心理学的基本主张，先后形成了独具特色的十几种人本心理学研究方案，以吉尔吉、穆斯塔卡斯、沃兹、波金霍恩等为主要代表。这其中，比较重要的有现象学研究方案、体验方案、现象描述方案、解释学研究方案、对话研究方案、启发式研究方案等。总结这些研究方案的基本特征，可以发现，

① 刘建岭．胡塞尔的现象学心理学研究［D］．长春：吉林大学博士学位论文，2010.

新一代人本主义心理学家重点讨论了心理学知识的性质问题以及具体的研究方法问题，他们认为没有主观性的参与，任何工作都无法完成，所以消除主观性不是解决的办法，客观性本身也是通过主观性活动实现的。心理学知识不可能达到自然科学一样的客观，而是有着主观性、历史性、相对性的特点。①同时，他们重视主观方法在具体实践领域的发展与应用，展现出了整体主义、价值投入、直觉主义和非决定论等人文主义主观范式的基本特征。但对于构建适合于人文科学的研究方法这一问题，则更多地停留在知识论和方法论层面，缺少本体论上的把握，这也是我们将人本心理学研究方案看作是知识论的主观范式的原因所在。

现象学研究方案主要为人本心理学家吉尔吉所倡导，也是人本心理学研究方案中起主导作用的研究方案。现象学研究方案以胡塞尔现象学哲学为基础，旨在把现象学的基本理念与方法贯彻于心理学的实践。在心理学学科性质与问题上，吉尔吉明确指出，“（科学）心理学本质上是在错误的范式内的操作……为了使心理学能对人类的认识更真实，能获得更持久的认识，心理学必须遵循一个不同的知识标准、采用不同的策略和不同的方法——人文心理学。”②在心理学知识问题上，现象学研究方案强调主观知识的合法地位，认为如果知识是系统的、是通过学术共同体一致认同的方法而获得的，并且能够超越它所获得的具体情境并接受检验和考察，那么这些知识都是有价值的。在具体内容上，现象学研究方案有三个方面的特点：首先，现象学研究方案关注的是生活世界中的直接经验，这些直接经验都是未经意识污染的纯粹体验；其次，现象学研究方案强调整体研

① 孟娟．走向人文科学心理学——人本主义心理学新发展［M］．北京：中国轻工业出版社，2009：68.

② Amedeo Giorgi.The descriptive phenomenological psychological method［J］.In Paul M.Camic；Jean E.Rhodes；Lucy Yardley（Eds）. Qualitative research in psychology：Expanding perspectives in methodology and design. American Psychological Association，Washington. DC，2003：243-276.

究和直觉的重要性，直觉是其主要研究方法，整体研究与整体理解乃是其基本原则；最后，现象学研究方案赖以进行的材料乃是参与者的经验描述，研究要求“面向事物本身”。启发式研究方案以穆斯塔卡斯为主要代表，他以“启发式”来命名其研究方法，保留了直觉方法的重要性。“启发”是指发现经验的本质和意义，是发展进一步探究和分析方法、分析步骤的内部过程，也是研究者通过与自我和他人的对话，通过对所研究经验的反思、探索、转换和说明，从而实现对现象阐明的主观过程。启发式研究方案关注人类的体验，而不是行为，尤其是关注个人体验的感受纬度，关注自我的未知领域和内在组织系统。穆斯塔卡斯指出，通过对这些领域的探讨，进行重新组织，可以揭示现象本质与意义，形成一个新的整体，进而实现对自我和世界体验和认识的改变。但是，要实现这一目标，采用传统的方法是行不通的，只有通过对话、想象、直觉等主观体验的方式才能达成。因此，简单地讲，启发式研究就是通过主观体验的方式揭示经验本质，形成一个包含了直觉和缄默知识的新的整体，以此来增强或修正对自我和世界的理解。[①] 显然，启发式研究方案以个人的内在体验为研究重点，以整体主义、价值投入的研究原则，在实践中重新赋予对话、想象、直观等主观研究方法以新的内涵，具有重要的意义和价值。正如罗杰斯所言，“启发式研究方案的特点是充满激情、高度个人化的，是对内在真理的自我探索。在我看来，它是严格的而直觉的研究，它借助于任何可能的主观手段探索个人经验的本质。”[②] 解释学研究方案是以解释学哲学为指导思想而形成的心理学研究方法。强调对行为、经验“文本”的说明与解释，以及

---

① 孟娟. 走向人文科学心理学——人本主义心理学新发展 [M]. 北京：中国轻工业出版社，2009：143.

② Carl Rogers.Toward a More Human Science of the Person [J]. Journal of Humanistic Psychology，1985：11.

对其意义的揭示和理解。它主张所有的经验、行为系统都有着潜在的意义，强调在明显不同的，甚至在看起来相互对立的意义系统间寻求理解。认为心理学研究是通过一定研究过程对包含了人类经验和社会行为的书面的和口头文本的解释。这其中，语言和整体理解具有重要的地位。对于客观范式的心理学在研究中寻求客观结果的做法，解释学研究方案持否定态度，认为“是以一个故事结束所有的故事……没有了故事，没有了惊异感，只剩下对行为的计算。”[①]与客观范式强调价值中立不同，解释学研究方案主张在研究的过程中，把自己的兴趣，甚至偏见带到对文本的解释中，认为只有对兴趣和偏见有了充分的认识和了解，才能做到对文本的真实理解。体验研究方案是以研究者的个体体验为质化研究的资料，对这些资料进行质化分析后，找出这些资料中的共同因素，再根据这些共同因素提出研究假设并借助量的分析以验证该假设，进而得出与人的现实生活密切相关并能成为心理学的基本研究法则的理论知识的一种主观研究方法。在研究目标上，它力图在关注人类主观经验的同时，又能获得对经验的规律性发现，因此在具体研究中，既有质的分析，又贯彻了量的原则。对话研究方案是在现象学哲学和布伯“对话”研究的基础上发展起来的一种研究方法，它强调对话在研究过程中具有决定性作用。主要代表人物有哈林、库恩慈、简·罗等。在研究目标上，他们希望在获得现象的真理的同时，消除学术研究和生活经验之间、科学研究和临床实践之间对立的现状。在他们看来，心理学已经成为一种技术性的事业，常常是心理学家个人独自进行研究，一个人的专业和生活也被截然分离以确保研究工作的客观性，这使得心理学脱离了人文学科。但是社会发展与科学自身的要求使得解决研究工作与生活经验、研究与临床实践之间的对立问题迫在眉睫，显然，对话研究方

① Steen H，Kunz G，Rowe J. The Contributions of Dialogal Psychology to Phenomenological Research [J]. Journal of Humanistic Psychology，1994，34 (1)：109-131.

案就具备了这样的作用。在他们看来，科学研究并不是一个按照既定的程序的验证过程，而是在对话的过程中，随着对话展开的“发现”过程，在对话的过程中，合作性小组内各成员的互动，能够获得有价值有意义的材料，获得生活的意义，获得合作精神。人文科学的追求、价值投入的研究原则以及体验、直观的研究方法成为这一研究方案的重要特点。现象描述研究方案最先是在教育领域的研究，后逐渐拓展到心理学领域。它是以对现象的直接描述为研究对象，在分析这些描述的基础上，找出对现象的不同的体验或者理解的研究方法。这一研究方案也表现了主观范式的某些特征，例如，整体主义的研究原则，注重研究的整体性和情境性；强调主观方法的重要性，特别是在研究中描述方法的重要地位；强调人们在经历现象的过程中所形成的有实质性差别的各种观念或者体验方式及其关系等。

知识论的主观范式还体现在新精神分析心理学中。如果说精神分析创立的前五十年，是弗洛伊德用他的权威来捍卫他的学说，而压制或反对与他不同的观点的话，那么背离弗洛伊德并非一件容易的事情。前已述及，阿德勒和荣格尽管先后背离了弗洛伊德，但两人却也因此在学术和生活上受到了诸多负面影响，荣格的分析心理学和阿德勒的个体心理学被正统的弗洛伊德主义者看作是离经叛道的东西，在相当长的时间内被忽视。不过在1939年弗洛伊德去世之后，这些逐渐显现出巨大的影响力，在他们的影响下，今天的精神分析距离弗洛伊德的思想已经有了一定的距离。我们很难用一个统一的名称来概括这些来源于弗洛伊德却又区分于弗洛伊德传统精神分析的各种思想体系，为行文方便，统称为新精神分析，以区别于弗洛伊德、荣格和阿德勒等人的精神分析。

概括而言，新精神分析大致经历了两个阶段：第一阶段是自我心理学在欧洲和美国的发展，社会取向的精神分析在美国的发展；第二阶段是以“自体–客体”区分为前提形成的自体心理学、不同的客体关系学派等精神分析内部相互竞争的派别及精神分析与其他学科形成的交叉领域，如后现代精神分析、神经精神分析等思想的发展时期。在这些名目繁多，各不相同的理论观点中，大致又可以分为三种类型：一是弗洛伊德正统精神分析的捍卫者，他们就弗洛伊德精神分析的某个思想或某个具体方面加以拓展或实践，或对弗洛伊德所用的某个概念修改或重新阐释，但总是在弗洛伊德最初想要表明的那个层面来展开。如安娜·弗洛伊德、克里斯等。二是弗洛伊德正统精神分析的反叛者，他们采用的是“新瓶装旧酒”式的策略，他们从精神分析这一最根本的原则出发，通过临床观察和医学实践逐渐形成自己的理论体系，并将弗洛伊德正统精神分析中的某些重要概念换成具有质性差别的其他概念，为这一理论体系服务。如克莱因、霍妮、沙利文、弗洛姆、埃里克森、科胡特等。三是介于这两者之间的修正者，他们无意背离弗洛伊德正统精神分析的基本思想，却也不愿忽视时代发展所带来的临床观察和实践的证据，因而主张对弗洛伊德的某些思想和概念进行修正和置换。如哈特曼、斯皮茨、玛勒、雅克布森、费尔贝恩、温尼科特、科恩伯格、拉康等。

尽管存在着不同的发展阶段和研究取向，但新精神分析继承了弗洛伊德对人的精神性的探求，以解释学的研究原则对意识与无意识的关系给予了进一步的分析，展现出了人文主义、整体主义以及非决定论的方法论特征，在研究方法上，则以内省、理解、梦的分析、自由联想等主观方法为主。

在自我心理学的发展中，安娜·弗洛伊德起到了重要作用。她将父亲的心理结构说用于临床实践，发现本我、自我和超我都存在有无意识的领域，而自我在充当无意识到意识的筛查者时，也会无意识地进行反应，即自我防御机制。在《自我防御机制》一书中，安娜详细列举了自我的多重防御机制，该书也随即成为精神分析的临床指导手册。此外，她在儿童精神分析领域也做出了开创性的工作。通过指出自我过程贯穿于人格功能的所有领域，安娜·弗洛伊德将自我本身确立为一个值得研究的分析对象。同时，她将精神分析思想的应用范围从症状拓展到性格类型，从心理病理拓展到多重正常的人格功能。不过，安娜·弗洛伊德所谈论的自我，和她父亲一样，是指处在本我、自我、超我冲突中的自我。她的学生，被看作是自我心理学之父的哈特曼则更进一步，在对达尔文进化论的独特认识的基础上，明确提出自我是一个没有冲突的领域。和弗洛伊德看到的人和动物的连续性不同，哈特曼看到了人是进化过程中与环境相互作用而不断适应的产物，这样，人的心理也具有适应功能，这种适应功能是天生的，是没有冲突的自我功能。哈特曼系统研究了没有冲突的自我的起源、发展、动力、表现和特征等内容，奠定了其在自我心理学研究方面的重要地位。在哈特曼的影响下，斯皮茨重点分析了环境对婴儿自我发展的影响，特别是婴儿与养育者之间的客体关系问题。玛勒则将斯皮茨提出的框架具体运用到精神分析尚未关注到的童年体验更为黑暗的角落——对精神病儿童的精神分析。雅克布森修正了弗洛伊德的驱力理论，使其与强调环境影响的自我心理学家之间保持平衡。埃里克森的思想则反映了精神分析的自我心理学与美国社会文化之间的初步关联，他在弗洛伊德关于驱力的生物学观点基础上，突出了社会文化对自我发展的作用，在他看来，文化与自我的发展相互渗透，在精神分析中，文化是一个独立的维度。他提出自我认同（自我统一性）概念，用以表明自我在转变过程中与环境的相互作用，他说："我们所讨论的过程不仅是'位于'个体的核心，而且也是在其文化中共有的核心，这个过程实际上建立了这两种认同的认同……心理与社会之间、发展与历史之间的所有相互作用，对认同形成来说具有原型意义，只能被理解为是一种心理社会相对论。"① 此外，埃里克森提出了自我发展的渐

---

① 米切尔，布莱克．弗洛伊德及其后继者——现代精神分析思想史［M］．陈祉妍，等译．北京：商务印书馆，2007：172.

成论思想，认为自我的发展贯穿个人的一生，有八个阶段，每个阶段都与弗洛伊德的驱力发展阶段相对应，并构成自我发展的一个危机。对自我的独特理解，也使得埃里克森的思想对历史学、文化人类学等产生重要影响，他本人也成为这些学科最受欢迎的精神分析学家。美国文化环境下精神分析的发展还表现出了远离正统精神分析、突出社会文化环境影响的精神分析的社会文化学派，其主要代表人物霍妮、沙利文和弗洛姆从不同的社会文化视角出发对弗洛伊德的驱力理论进行了修正。霍妮接受过正统的精神分析训练，但在美国纽约精神分析所任职期间，临床实践使她发现，神经症的病因并非弗洛伊德所讲的性压抑，而是在于人格结构。人格结构是由个人的生活环境决定的，不了解文化和个人生活环境，就不能了解他的人格，不了解人格也就不能诊断和治疗神经症。因而，在霍妮看来，神经症只不过是偏离了社会文化所规定的正常的行为模式。1941 年，霍妮从纽约精神研究所辞职，随即创办了美国精神分析研究所，成为社会文化学派发展的标志性事件。沙利文的人际精神分析则建立在他对精神分裂症的研究基础上，他认为精神分裂症不是先天的或者是由身体构造决定的，主要是由于患者的童年人际关系被破坏，产生了严重的焦虑，导致了经验组织的分裂。人际关系在人格发展中具有重要作用，人类与其所处的人际环境永不可分，个人的人格是在与他人共同组成的环境中形成并发展的。而且，人也总是处于与他人互动的环境中，人格或自我便体现在这种互动中。沙利文称，“人格……只在人际情境中显现而别无其他方式”，人格是“在显示出人类生活特征的人际情境中反复出现的相对持久的模式。”① 弗洛姆是精神分析的社会文化学派中对现代精神生活影响最大的人物，他在马克思的历史唯物主义和存在主义哲学的基础上修正了弗洛伊德的思想。弗

① 米切尔，布莱克著，陈祉妍等译．弗洛伊德及其后继者——现代精神分析思想史[M]．北京：商务印书馆．2007：81.

洛姆认为，人在生物意义上具有很大的软弱性，人在本质上是深受社会文化影响的生物，人依靠本能能够解决的问题越来越少，因而人对孤单的恐惧胜于一切。对所有人来说，都必须按照社会要求来塑造自己。他将经验分为意识和无意识两部分，无意识又包括了个人无意识和社会无意识。根据弗洛姆的观点，无意识是社会的产物，是个人惧怕充分地表达个人体验可能会导致自由或者孤单，而将个人经验压抑下来的结果。在每一个历史时期，人类社会都会因为不同的社会需要发展出特定的性格类型，这就是社会性格，而一个社会不容许其成员意识到的、被压抑的领域即是社会无意识。可以发现，无论是自我心理学还是社会文化学派，均体现出了人文科学的研究取向以及非决定论的解释框架，并采用主观的精神分析方法，凸显了主观范式的基本特征。

同样是主张将精神分析用于儿童身上，但与安娜·弗洛伊德发展自我心理学不同，克莱因提出了客体关系理论的思想，从另一个角度丰富了对自我的研究。在弗洛伊德看来，驱力来源于人和动物所共有的本能，特别是性的本能，克莱因却将驱力看作是人类固有的与他人的关系模式。弗洛伊德将人看作是动物的连续体，人被动地适应环境；克莱因却认为人完全不同于动物，人生而具备与环境相适应的能力。如此种种，克莱因与正统精神分析之间的裂痕越来越大，1938 年弗洛伊德和安娜来到伦敦后，英国精神分析学会逐渐分解为三个派别并延续至今：正统精神分析自我心理学派、克莱因学派和中立地位的客体关系学派。“克莱因的思想产生了巨大的影响……影响了多种客体关系理论的形成基础，比如费尔贝恩和温尼科特的理论；还影响了当代精神分析思想的很多革新和转变。”[①] 费尔贝恩的客体关系理论是在克莱因思想基础上形成的，但与克莱因却有很多不同。

---

① 米切尔，布莱克．弗洛伊德及其后继者——现代精神分析思想史［M］．陈祉妍，等译．北京：商务印书馆，2007：124.

克莱因赞同弗洛伊德关于驱力的快乐原则，而费尔贝恩则认为力比多并非是快乐的，而是寻求客体的，在幼儿与父母的关系中，即使照顾不佳甚至受到打骂的幼儿，也会对父母有一种客体的需要。克莱因认为儿童的内在客体是想象的产物，内在客体关系是个体与这种幻想之间的关系，而费尔贝恩则将克莱因的内在客体看作是不良养育的结果，认为在良好的环境下养育的幼儿有一种向外的倾向，引领他朝向能够提供真实互动和交流的人。温尼科特的客体关系理论同样是以克莱因的客体关系思想为基础的，但温尼科特更加重视主观经验的作用。在他看来，儿童对客体的经验有三种：主观全能经验、客观现实经验和过渡经验。主观全能经验是个人状态的本质，是在婴儿与母亲的关系中形成的。母亲如果能为婴儿提供一个由婴儿自己主宰的生理环境，使幼儿处在一个主观全能经验生长的关键经验中，婴儿会感到自己是造物主，他的主观愿望创造了想要的客体。按照尼科特的话说，这会使一个感到生活真实而有意义的独特人类个体得以出现。客观现实的经验对个人的发展也至关重要，“完全生活在客观现实中的人，是缺乏主观核心的虚假自我，完全依他人的期望而动，依外部的刺激而动。一个独特的人会体验到持续涌现的自我感受和个人意义，这就需要他能保持主观全能的经验。以作为深刻个人化的、从未全然显露的经验核心”。① 儿童通过主观全能经验感到自己创造了客体，如母亲的乳房，通过客观现实经验可以在外部世界中找到与自己分离的客体。过渡经验是介于主观全能经验和客观现实经验之间的模糊经验，如玩具熊所代表的意义。

客体关系学派将研究的重点置于自我与客体的关系上，科胡特所建立的自体心理学则是将研究的重点放在了自身客体的发展上，科胡特将自体看作人格的核心，是人类能动性的核心，自体本身具有实现其自身独特的

① 米切尔，布莱克．弗洛伊德及其后继者——现代精神分析思想史［M］．陈祉妍，等译．北京：商务印书馆，2007：153.

行动程序的动机力量。对自体重要性的强调源于他对弗洛伊德的自恋理论的修正，对他而言，儿童在早期发展阶段所具有活力与热情并非是妄自尊大或者全能的体验，对自己和养育者的夸大或过高估计不仅不会影响自体与他人和外界建立联系，反而是健康的自体发展的关键。科胡特给予自体在自我发展中的重要作用，具有开创性的意义，他对传统精神分析方法的革新，同样也具有开创性的意义。首先，科胡特采取了现象学的研究立场，在治疗自恋患者时，他试图将自己所受的精神分析经验悬置起来，对患者的谈话内容和含义不做任何先入为主的理解，而是站在患者的立场，从患者的角度来理解经验。这种方式，即他本人所称的共情沉浸和替代内省。其次，科胡特重点发展了移情技术，阐释了三种类型的自身客体移情：镜像移情——经过与分析师的关系建立，患者感到强大、支持、内心更充实；理想化移情——通过将分析师理想化和与分析师建立的强有力的联系，患者感到自己更为重要；第二移情或孪生式移情——病人渴望与分析师在功能和意义上是类似的。最后，科胡特突出了共情方法的独特性。他认为共情是心理观察的基本成分，因此共情对精神分析学家特别重要，因为精神分析主要研究人的复杂的心理状态，包括复杂的认知过程和情感过程，只有“共情”和“内省”这样的主观方法才能感受和体察他人的主观经验。他认为共情的观察适用于心理学的领域，而非共情的观察适用于心理学以外的领域，“如果将非共情的观察模式用于心理学领域的话，就会导致有关心理现实的机械的、无生命的观念。”①

除此之外，精神分析的新近发展还包括科恩伯格以包容整合的方式对弗洛伊德精神分析的驱力理论、克莱因和费尔贝恩的客观关系理论、自我心理学的发展理论三种思想的整合。沙弗对弗洛伊德传统精神分析术语的

① 蔡飞．自身心理学：精神分析的新范式［J］．南京师范大学学报（社会科学版），2000（4）:82-88.

分析、批评和重新界定，将诠释学和“叙述”概念引入精神分析的谈话过程。拉康以索绪尔的语言学、列斯—施特劳斯的结构人类学视角对传统弗洛伊德精神分析进行解读，从而创立的结构主义精神分析。当前，神经科学的方法被用于弗洛伊德精神分析理论的检验和修正，神经精神分析学正作为精神分析的新取向而快速发展。

综上所述，新精神分析的各思想体系无论是对弗洛伊德传统精神分析的继承、批判抑或部分否定，都毫无例外地延续了精神分析的主要领域和基本研究方法。值得特别注意的是，弗洛伊德曾表示要将精神分析建设成一门自然科学，强调生物决定论，但新精神分析学家则普遍表现出人文科学的追求，在基本价值观上，实现了主观主义和个人意义的转变。

总而言之，知识论主观范式坚持人本主义的世界观，强调直觉主义、整体主义的研究原则和主观研究方法，在本体论与方法论上表现出一致的主观性。但在真理的客观性问题上，虽均以获取知识为目标，却表现出不同的特征。狄尔泰的解释学心理学以人的精神性与自然的客观性之间的区别、精神科学与自然科学之间的区别、人文科学方法论与自然科学方法论之间的区别为基础，提出人文科学模式的描述心理学以区别于自然科学模式下的说明心理学，并确立了描述心理学知识的合法性与客观性。胡塞尔在批判了经验科学心理学对意识的自然化处理之后，提出以对纯粹的意识经验分析为目标，借助本质还原的方法，作为经验科学心理学基础的现象学心理学。这样，心理学知识不仅具有客观性，而且是超越了自然科学客观性的本质科学（先验现象学）的客观性。新一代人本主义心理学家在各自的研究与实践中生成的研究方案，在否定客观范式的心理学研究对心理学健康发展产生的弊端之余，立足于人的现实生活，以与人们现实生活密切相关的个体经验和现象为研究对象，坚持主观主义的认识论，突出了研究的情境性、整体性与实用性特点，丰富和拓展了主观研究方法。

（三）人本学与知识论相统一的主观范式

人本学与知识论相统一的主观范式是指确立了人本主义的世界观，以直觉主义、整体主义的研究路线和主观研究方法为特征，以探寻人的本质，人存在的意义与价值，并获取理解和解释人的现实生活的心理学知识为目标的心理学研究范式。在本体论上，这一范式以人及其存在的意义与价值作为研究的出发点，赋予人前所未有的重要位置。在真理的客观性与方法论问题上则力图使主观与客观、事实与价值不断交融，在对人的本质更为深入了解的层面上，实现新的统一。马斯洛的人本主义心理学是这一范式的主要表现。

亚伯拉罕·马斯洛是人本主义心理学的创始人，也是人本主义心理学家中影响最大的一位。他的人本主义心理学是在抗议和批判科学主义心理学的过程中形成并发展的。早年，马斯洛跟随铁钦纳学习构造主义，后又沉迷于行为主义，受到过科学主义心理学的正规训练。但是，科学主义心理学留给他的只是一个支离破碎的机械世界图景，距离现实的人的生活有很大距离。行为主义将人等同于动物，看作机器一般的存在，将人的行为还原为刺激与反应之间的联结只会导致对人性的曲解。早期精神分析则以精神病患者为研究对象，只会发展出变态心理学。在马斯洛看来，人是有着无限潜力的能够自我选择的人，是独一无二的特殊个体，是一个有意义的整体存在，是积极经验的主体。人本主义心理学的目标便在于把人从外部控制中解放出来，并使他更少受到观察者的预测，以便使他更自由、更有创造性。为了达到这一目标，马斯洛采用访谈法和调查法研究了杰出人物——他称为自我实现者的人格特征。所谓自我实现者，就是个体潜能得到充分发挥的人。尽管每个人都有自我实现的潜能，但能够达到自我实现的只有少数。自我实现者的一个典型特征就是能经常地感知高峰体验，这是一种神秘的，难以言说的幸福体会。正是自我实现者，体现了事实与价值的融合。

以人的主体性、主观性、目的性、价值性、整体性的特点为出发点，马斯洛在批判科学主义心理学的过程中阐发了他的人本主义思想，并试图实现主观与客观的统一。在他看来，方法中心论、还原论、“科学的客观”、“物”的范式与单向性思维是科学主义心理学的主要特征，心理学要发展，便要实现从方法中心论到问题中心论、从还原到整体、从“科学的客观”到“道家的客观”、从“物”的范式到“人”的范式、从单向科学到综合科学的转变。马斯洛认为，方法中心论是“认为科学的本质在于它的仪器、技术、程序、设备及方法，而并非它的疑难、问题、功能或目的。”[①]这样，技术与“仪器操作者”的作用被过分夸大，问题、疑难、作用和研究目标被抛之脑后，问题成了技术的附庸，而不是技术适应问题。科学应以追求真知灼见为己任，因而，方法中心论应由问题中心论取代。问题中心论强调方法是为问题服务的，问题的性质决定方法的选择，心理学不应盲目采用自然科学的方法。马斯洛还批评了他称之为“原子论方法”的还原论，采用还原论，首先要把整体分解为部分，然后再对这些部分分别加以研究。但人是一个整体，应从整体上系统地加以研究，因此还原论应由整体论来取代。“科学的客观”是科学主义心理学的另一大方法论主张，认为科学研究应排除价值与情感，以完全客观的方式进行。在马斯洛看来，科学不可能超越价值，强调“科学的客观”只会促使心理学变得四平八稳而不是勇于探索，使他们自欺欺人地相信自己非常客观。然而，科学作为一种社会组织和人类事业，是有目标、伦理、道德的，简单讲，是有价值的。[②]因而，

① 自彭运石．人的消解与重构——西方心理学方法论研究［M］．长沙：湖南教育出版社，2009：68.

② 戈布尔．第三思潮——马斯洛心理学［M］．吕明，等译．上海：上海译文出版社，1987：21.

"科学的客观"所强调的"纯之又纯的客观"是无法实现的。"科学的客观"的不足应当由"道家的客观"来弥补，"道家的客观"强调道家的认识事物的途径，意味着不打扰，不干预，不改变，意味着价值和情感的投入。它强调将涉嫌到主观二字，被行为主义所极力排斥的内省法、主体报告法、现象学描述、自由联想法、梦的分析等重新引入心理学中。马斯洛指出，科学主义心理学归根结底是以一种"物"的范式来研究人的，对人的物化处理，是人的特性不断遗落，人被当作动物或机器，心理学也一再偏离了正常发展的轨道。"物"的范式应由"人"的范式来替代，人应被看作一个经验的整体，是独一无二的，人不是动物，也非机器。只有实现了从"物"到"人"的转变，心理学才能克服科学主义心理学所造成的单向性，实现从"单向科学"到"综合科学"的转变。而他所讲的"综合科学"，则包含了对心理学整合问题的思考。

总体而言，马斯洛从人的存在、主观性与个体性出发，主张人本主义的世界观，强调价值投入，强调直觉主义和整体主义的研究原则，认为借此也可以获得生命的意义与价值，获取心理学的客观知识，在对人的本质更为深入地认识基础上，实现了主观与客观、事实与价值的融合，达成了人本学与知识论的统一，进一步推动了人文主义主观范式的发展。

第四章　客观范式的形成与发展

前已述及，客观范式是持科学主义立场的心理学家排除主观对象与主观方法的结果。这一范式坚持自然主义（或物理主义、机械主义）的世界观、逻辑主义的研究路线、还原主义的研究原则，认为心理学可以通过客观实证的研究方法获得关于人的心理与行为的符合论式的客观知识。客观范式主要表现出四种不同的形态：① 刺激—反应范式；② 中介变量范式；③ 信息加工范式；④ 认知神经范式。下面分别就其形成与发展加以论述。

第一节　刺激—反应范式的形成与发展

刺激—反应范式是客观范式的最初形式，它完全具备了客观范式的内涵与特征：确立机械主义的世界观，强调客观主义的研究原则，力图以自然科学的研究模式寻求刺激与反应之间的外显函数关系。因其意图以刺激与反应之间的联结来说明人的心理与行为的实质，故称为刺激—反应范式。

一、刺激—反应范式的形成

刺激—反应范式是以实证主义为哲学基础，在心理主义主观范式危机四伏的情况下应运而生。前已述及，实证主义先后有三代不同的形态，作为刺激—反应范式哲学基础的主要是以孔德为主要代表的社会实证论思想，经验实证论对于斯金纳的操作行为主义也有所影响。在孔德看来，哲学应该以实证自然科学为基础，采用自然科学的研究方法，获取客观知识。科学的任务在于描述和解释一切可以直接观察到的事物，探究其规律，最终达到预测与控制的目的。科学资料必须是可以公开证实的事实，私人的内省经验是不可靠的。一门有关个体的、真正的实证科学应该抛弃所有看不见的参照物，而且必须是神经生理学的。他假定科学的统一性并将科学置于研究外在于其自身的对象，力图抛弃本质、基础等本体论问题的研究，并假定自然科学与人文社会科学是统一的，自然科学的研究方法同样适用于人文社会科学的研究，而实证主义的目标，就是运用实证科学改造自然与社会。正是借助于孔德直接证实的思想，刺激—反应范式确立了以客观实证的研究方法探究客观的可以直接观察的行为这一研究路线。

同时，刺激—反应范式是在心理主义主观范式陷入危机的情况下对心理主义主观范式的批判与超越。心理主义主观范式保留主观对象与主观方法，从而无法彻底实现将心理学建设成一门自然科学的最终目标，也就无法解决心理学知识的客观性问题。刺激—反应范式并不反对心理主义主观范式在心理学知识客观性问题上所确立的符合论的真理观，也不排斥心理主义主观范式的科学主义追求，它所批判并力图超越的乃是心理主义主观范式在科学主义道路上的不彻底性。刺激—反应范式在本体论、认识论与方法论上坚持彻底的客观主义，它将意识与内省法排除在心理学之外，坚持心理学的自然科学定向、采用客观主义的研究路线以及客观实证的研究方法意图说明刺激与反应之间的外在函数关系，从而揭示人类和动物行为的实质，彻底实现心理学的自然科学追求。

二、刺激—反应范式的发展

刺激—反应范式以人类和动物的行为作为心理学的研究对象，并将行为看作刺激（S）与反应（R）之间的联结，致力于寻求 S 与 R 之间的外显函数关系。它坚持物质一元论，坚持客观主义的认识路线，完全具备了客观范式的特征：自然主义（或物理主义、机械主义）的世界观；逻辑主义与还原主义的研究原则；客观实证的研究方法。具体来说，这一范式主要表现在华生、拉什利、亨特、魏斯以及斯金纳等的行为主义心理学当中。

约翰·华生通常被看作是行为主义的创立者，1913 年他在《心理学评论》杂志上发表《行为主义者心目中的心理学》一文，成为行为主义正式创立的标志。虽然将行为作为心理学的研究对象的倾向已经出现在美国机能主义心理学当中，并且俄国客观心理学——专注于可以测量的心理现象的研究也取得了重要进展，但在华生之前，行为研究并未获得足够的重视。在这篇文章中，华生开宗明义，他指出，行为主义者心目中的心理学是自然科学的一个纯客观分支，其理论目标是对行为的预测和控制，而不是对意识的分析。“行为主义是一门以人类行为为研究对象的自然科学……要么放弃心理学，要么把它变成一门自然科学。”①

要实现这一目标，首先就要实现心理学研究对象的变革。华生的立场经历了从早期的方法论行为主义到晚期激进行为主义的转变。所谓激进行为主义，是指否认意识的存在，从而彻底将意识排除在心理学之外的行为主义观点。与之相应的是方法论行为主义，承认意识经验的存在，但认为

---

① Watson J B. Behaviorism［M］. New York：Norton，1930：6.

意识不是科学心理学的研究对象。站在激进行为主义的立场，华生确立了物质一元论的观点，将意识排除在心理学大门之外。在他看来，并不存在所谓意识的东西，意识从来未被看到、触摸到、嗅到或闻到，也未曾被搬动过。它就是一个简单的假设，正如古老的灵魂的观念一样，是不可证实的。华生认为机能主义代表着一种缺乏自信心的、半心半意的想成为科学的企图。而以任何形式接受意识研究的心理学取向都不能成为一门科学。心理学要成为一门科学，就必须将意识排除在外，唯有行为才是心理学合法的研究对象。

其次，华生确立了客观主义的解释框架。华生认为，心理学所研究的行为，既不神秘，也不复杂，不过是有机体在适应环境的过程中，各种身体器官和组织的反应组合，不过是肌肉的收缩和腺体的分泌，是人和动物对各种环境刺激做出的反应。行为主义研究的目的是为了确定这样的论据和规律：给予刺激，就能够预测会引起什么样的反应；或相反，给予反应，就能够详细说明有效刺激的性质。华生坚信，行为主义是心理学唯一的合理体系，S—R 反应模式可以用以解释一切心理现象，比如语言和思维、人格以及情绪。在他看来，言语不存在任何特殊的问题，它只不过是一种外显的行为，而思维是内隐的或无声的言语。情绪则是机体受到刺激之后的反应，每一种情绪都有一种由适当的刺激引起的内脏和内分泌反应的特征模式，如婴儿的恐惧是由大的声响和失去支持（如跌落）引起的；愤怒是由限制他的运动自由引起的；爱是由抚摸或拍打他引起的。人格也被看作是一切动作的总和，是各种习惯系统的产物。为了获得理论同一性，华生在论述中，尽量避免使用感觉、知觉等术语，而用“视反应”“痛反应”等来代替视觉、痛觉等。在如何看待遗传与环境对行为的影响问题上，华生也展现出客观主义决定论的解释框架。在他看来，一切行为均是在后天环境中形成的，是有机体对环境的适应性变化。站在决定论的立场，华生发表了一段心理学史上颇有影响的名言，以表明人格（华生将人格看作是一切动作的总和）也是环境决定的。“今晚我想更进一步地说明：‘给我一打健全的、没有缺陷的婴儿，让我在我自己设定的特殊世界里抚养，我可以保证，从他们当中任意挑出一个——不管他的才能、嗜好、倾向、能力以及他的祖先的职业和种族——我都可以把他训练成为我所能够选择的任何一种类型的特殊人物，如医生、律师、艺术家、商业首领，甚至是乞丐和小偷……”[①]这样，华生便彻底在心理学中排除了带有主观性的意识以及用以描述意识的字眼。

最后，华生确立了四种具体的客观方法，以确保行为研究的客观性。一是观察法，有自然观察和实验室观察之分，前者要求研究者在无干扰的情况下，客观记录观察结果，并重复观察，以得出可靠结论；后者是在实验控制情况下进行的，被华生看作是心理学成为一门自然科学的保证。二是条件反射法，首先由巴甫洛夫和别赫切列夫所提出，有两种形式：用以获得条件分泌反射的方法和用以获得条件运动反射的方法。在华生看来，条件反射法是在实验法之外的另一种重要的客观研究方法，并且可以应用于实验法及口头报告法无法使用的研究中，比如对于聋哑人和婴儿的研究。三是口头报告法，也称言语报告法。华生认为，普通人都具有观察自己的身体内部变化并进行口头报告的能力，而言语活动本身是一种客观的外显行为，因而使用口头报告法并不讳背客观性的要求。四是测验法。测验法早在机能主义心理学中已经开始使用，华生认为，已有的测验法最大的问题在于，它们大多数都是与语言行为有关的，这就使有语言缺陷的，或无法使用语言的人或者动物不能运用这种方法。因此，有必要设计和运用无

① Watson J B.What the nursery has to say about instinces［J］.Psychologies of 1925，Clark university press，1926：10.

须使用语言的可以根据明显的外部表现加以测定的行为测验。[①]华生对测验法的应用，也主要限于行为样本的获得，而非对能力与人格等的测验。

通过排除主观对象与主观方法，确立客观主义的研究路线和客观实证的研究方法，华生的行为主义心理学虽存在诸多弊端，但却彻彻底底地达到了客观实证的要求。除华生之外，刺激—反应范式还体现在其他行为主义思想中。例如，拉施里亦主张客观主义，他反对将意识作为心理学的研究对象，因为在他看来，意识超出了直接经验的范围，不能直接经验到。魏斯则主张心理现象可以还原为物理、化学的术语或社会的关系，认为行为主义不使用意识这一概念，与传统心理学利用这个概念相比，可以做出更加完全和更加科学的说明。传统心理学所划分为意识或心理成分的各种因素都毫无遗留地转化成行为主义所分析出的生物的和社会的成分。[②]亨特力图将心理学改造成“人类行为学”，他以刺激和反应之间的关系来解释意识，认为意识是由感觉刺激引起的言语反应。心理学应该采用客观的实验方法达到预测和控制行为的目的。古斯里大力发展了华生的客观主义研究方法，将有机体的行为归结为刺激与反应之间的联结，并遵循操作主义原则，力图以较少的实验和较多的经验事实来解释各种心理现象，特别是学习行为。在他看来，学习的原理只有一个，即刺激与反应的接近，刺激有内部与外部之分，反应限于肌肉的收缩和腺体的分泌。他在坚持行为主义的基本立场的同时，又不拘泥于具体的理论，对学习心理学和心理治疗产生了很大的影响。

刺激—反应范式在斯金纳的操作行为主义中也有所体现。首先，斯金纳与华生一样，坚持客观主义的研究路线。他反对将意识看作一个独立存在的实体，并认为所谓的心理过程其实就是生理事件，心理学应以可观察

① 叶浩生．西方心理学的历史与体系［M］．北京：人民教育出版社，1998：193.

② 波林．实验心理学史［M］．高觉敷，译．上海：商务印书馆，1981：743.

的行为作为研究对象。与华生不同的是，斯金纳受经验实证论的影响，反对任何形式的理论。因为科学关注的应是事实以及事实与事实之间的相互关系，科学工作就是描述经验事实。科学理论形成过程中会出现偏见、错误观念和先入之见等影响客观性的事件。因而任何有关心理的假设，像弗洛伊德的本我、自我、超我的人格结构，如意识、动机、情感、意志等，都是观察不到的“伪造的说明”，都不能为行为的解释增添任何新的东西，均应加以拒斥。①

其次，斯金纳采用客观主义的解释框架。斯金纳所讲的行为，与华生和巴甫洛夫的应答性行为不同，受操作主义的影响，他认为，行为乃是有机体主动适应环境的产物，即主动的操作性行为。并且，人类和动物的大多数行为属于操作性行为。与应答性行为中环境刺激在先，行为反应在后的S—R模式不同，斯金纳认为，操作性行为总是先出现适应性的行为反应，再出现作为强化的刺激，操作性行为遵循R—S模式。斯金纳和华生一样，坚持决定论。他接受了达尔文的进化论观点，认为行为的变化取决于它所处的环境，环境提供的强化决定了行为能否再次出现。人类和动物有机体在特定环境中会表现出大量的行为反应，其中一些得到强化，一些未被强化，得到强化的行为最终被保留下来，成为同样环境下的行为反应的一部分。显然，行为是后天环境中的强化作用决定的，换句话说，如果你想培养某个行为，就强化它。

最后，斯金纳采取了严格的实证立场，进一步发展了客观研究方法。他亲自设计了一个迷箱（斯金纳箱），用以研究动物的操作性行为。斯金纳箱可以有效地排除无关刺激，保证实验者很好地操作自变量，观察动物的行为变化。这些思想，在保证心理学研究客观性的同时，也展现出了很

① 彭运石．人的消解与重构——西方心理学方法论研究［M］．湖南教育出版社，2009：63.

强的实用价值。斯金纳对强化的类型、方法以及在实际生活中的应用的研究，他开创的程序教学，发明的教学机器等，都被广泛运用到多个领域并取得巨大影响。时至今日，斯金纳的操作行为主义仍然在当代心理学中占有重要地位。

总之，以华生和斯金纳为主要代表的刺激—反应范式，体现出了客观范式的根本特点：客观的研究对象、客观主义的解释框架，客观实证的研究方法。他们将心理学看作一门实验的自然科学，坚持还原论与决定论，推崇价值中立的研究原则，相信 S—R 模式（或 R—S 模式）可以用于解释所有的人类行为。相较于心理主义主观范式，刺激—反应范式在理论目标上更为明确，在客观化道路上也更具彻底性。但是，从根本上看，刺激—反应范式也存在重重危机。首先，从心理学研究对象的自身特性来看，因为意识的主观性，而否定意识的存在，即将“孩子与脏水一起泼掉”的简单做法，心理学变成了“没有心理的心理学”；其次，行为解释的 S—R 模式（或 R—S 模式）并不完全符合人类与动物行为的实际，特别是在解释人类的复杂行为上。而华生所确立的口头报告法，也被认为是“前脚将内省法赶出去，后脚把口头报告法放进来”，难逃“主观性”嫌疑。危机促生改革，在这种情况下，如何使行为主义的基本原则既符合客观主义的要求，又切合人类与动物行为的实际，成为客观范式的心理学亟待解决的重大问题。

第二节　中介变量范式的形成与发展

中介变量范式是在刺激—反应范式的基础上形成的对刺激—反应范式的深化与拓展。这一范式以逻辑实证主义为基础，在继续寻求刺激与反应之间的外显函数关系的同时，引入中介变量，寻求刺激与反应之间的内部中介关系。

一、中介变量范式的形成

中介变量范式的形成既是实证主义哲学思想发展的结果，又是刺激—反应范式深化的结果。前已述及，刺激—反应范式是客观范式的最初形式，它确立了自然主义（或物理主义、机械主义）的世界观；客观主义的研究路线；客观实证的研究方法。但是，刺激—反应范式在克服心理主义主观范式在心理学客观化道路上的不彻底性问题上，矫枉过正，走上了方法中心论的极端，对行为的解释也与人类和动物行为的实际情况相去甚远。这样，中介变量范式既要保持客观范式的基本特征，又要避免重蹈刺激—反应范式简单化的覆辙，探寻刺激与反应之间的内部中介过程。

这一目标的达成是与逻辑实证主义哲学思想密切相关的。逻辑实证主义是 20 世纪 30 ～ 50 年代形成并发展的西方哲学流派，被看作是实证主义的第三代，又称逻辑经验主义、后实证主义等。它以维也纳学派为核心，主要代表人物包括卡尔纳普、石里克、赖欣巴哈、艾耶尔等。逻辑实证主义以马赫和罗素的实证主义思想为基础，是马赫的经验实证主义的数理逻辑化。逻辑实证主义者坚持采用科学语言、数理逻辑和科学方法来建立哲学。与孔德和马赫的实证主义不同，虽然他们也拒斥形而上学，但并不认为形而上学是错误，而是认为形而上学的问题是无意义的。在他们看来，只有数学和经验科学的命题才是有意义的。而要确定一个命题是否有意义，则必须遵循可证实原则或经验证实原则。即一个命题是否有意义，在于有无方法用经验去证实它或否证它。可以证实或否证的命题就是有意义的，反之则是无意义的。不过，逻辑实证主义所指的可证实原则，是指逻辑上的可能性，而非实践的可能性，当前因为缺乏必要的条件无法证实的命题，将来仍有被证实的可能性。但究竟用什么方法去证实呢？逻辑实证主义者给出了不同的回答。卡尔纳普区分了直接证实和间接证实，直接证实是将待证实的命题与我们当下的经验作比较，任何一个对于当下的知觉有所断定的命题，都可以用我们当下的知觉直接予以检验。间接证实则是指对于一个不可能直接证实的命题，只能通过直接证实那些从该命题以及其他已经证实了的命题推导出来的命题，来予以证实。也就是说，一个不可被直接证实的命题，可以通过间接的观察或逻辑推理而予以证实。此外，魏斯曼提出了“强”的可证实性标准，被指过于严格，艾耶尔后又提出比较缓和的“弱”的可证实性标准。按照间接证实的原则，意识或心理无法加以直接证实，但是可以通过刺激与反应之间的外显函数关系进行逻辑推论，从而间接地加以证实，因而也是可以接受的。基于此，承认刺激与反应之间的中介变量，便有了哲学上的基础。

逻辑实证主义对中介变量范式的影响还表现在逻辑实证主义所遵循的科学观上。在逻辑实证主义者看来，科学的统一是可能的，因为所有科学在本质上都是相同的，因而建立一套依据客观事实的理论术语和科学命题，各门科学就有了统一的标准，物理学正是各门科学学习的模板。这样，寻求理论和术语操作化的操作主义得以形成，通过操作定义，可以使主观术语客观化。这使得早先被刺激—反应范式排斥的具有主观性的主题经过一系列操作，转变成为符合客观性要求的命题而加以研究。在中介变量范式的心理学中，我们可以看到在理论术语和研究步骤上的这种明显变化。此外，机能主义心理学家武德沃斯的动力心理学强调动机在行为中的作用，认为在刺激与反应之间存在有机体的内部过程，这种思想对于中介变量范式的形成也具有重要的影响。

二、中介变量范式的发展

中介变量范式承继了属于刺激—反应范式的客观主义：客观研究对象、客观解释框架、客观实证方法。但较之于刺激—反应范式，中介变量范式在心理学研究对象、解释框架以及具体研究方法上都有所拓展。其基本特征主要体现为托尔曼提出的“中介变量”概念及赫尔以自然科学为模板打造的假设演绎系统。

作为新行为主义者，托尔曼首先深化了对行为的解释，刺激—反应范式在行为解释上的还原论观点被拓展到中介变量范式的整体论思想。他明确了心理学的研究目标，提出认知行为主义的概念。与早期行为主义者一样，托尔曼竭力反对将意识作为心理学的研究对象，在他看来，心理学被界定为对私人意识内容的考察与分析，在某种意义上是一个逻辑难题，因为怎么可能仅仅根据私人的和难以交流的定义，来建立一门科学呢？托尔曼认为，心理学应是以行为作为研究对象的自然科学。但是，同样是研究行为，在对行为的界定和分析上，托尔曼与华生却采取了完全不同的解释框架。在华生看来，所有的行为都可以理解为S—R模式，这符合客观范式的准确、简单和客观的要求，但托尔曼发现，对行为的这种理解与行为产生的实际情况不相符合，可称作分子行为。他主张的乃是整体性行为或者目的性行为，在他看来，所有行为都包含了目的性和认知性，总是指向特定的目标、采取特定的方式，并遵循最小努力原则，比如动物走迷津、学习、做饭等。

其次，托尔曼提出“中介变量”概念，赋予意识客观性，从而修正了刺激—反应范式完全排除意识的极端做法。在确立了行为研究的对象后，托尔曼紧接着对目的和认知等心理主义的用语给予了操作定义，以使其具有客观性，并能被准确测量。与逻辑实证主义的间接证实一致，托尔曼认为在S（自变量）—R（因变量）之间的存在一系列代表行为目的性和认知性的因素，即“中介变量”，“中介变量”在本质上是认知的或是心理的，是刺激与反应之间的环境因素，也是不同的刺激引起不同反应的根本原因，虽然它无法被直接观察到，但可以通过行为的原因与结果来证实。这样，行为公式便由S—R变成了S—O—R。托尔曼力求将他所认为的“中介变量”都赋予操作定义，如假设、期待、信念、认知地图等。在托尔曼看来，人类和动物的学习过程乃是一种尝试错误的过程，通过尝试错误，人或动物会得出未得到完全论证的假设，如果假设在此后的行动中得到证实，人或动物就会获得关于目标物意义的知识或者观念，即期待。如果一个情境中的各种期待被反复证实，人或动物就会产生信念，最后形成对这一情境的认知地图。

最后，托尔曼进一步拓展了客观研究方法。他坚持以动物为被试，进行实验研究，且对小白鼠情有独钟，认为采用小白鼠做被试，可以防止用人作为实验对象时产生间接内省。他主张将动物实验的结果毫无保留地推广到人类行为中，他说：“我认为，实质上在一个迷津中的一个选择点上，通过对白鼠行为的决定因素的持续实验与理论分析，能够研究心理学中任何重要的东西（也许除了诸如确立超我这样的问题。也就是，保留诸如涉及社会与言语问题的东西）。因此，我认为我赞同赫尔教授，也赞同桑代克教授。”①

如果说托尔曼虽对客观范式的发展做出重要的贡献，却无意建立起一套行为研究体系的话，那么赫尔则为心理学打造了一套严格的自然科学的客观体系。受机械论和唯物主义哲学的影响，赫尔以寻求刺激与反应之间的外显心物函数关系为目标，进一步深化了对行为的理解和解释。与托尔

① 赫根汉．心理学史导论［M］．郭本禹，译．上海：华东师范大学出版社，2004：633.

曼一样，他认为心理学的对象应是行为，并且在刺激与行为之间存在着目的与认知等“中介变量”，但是，目的和认知等内部因素主要是机械的非心灵的生理因素，心理主义的概念无论是理论上还是实际上都无必要。赫尔青睐物理学和几何学，他引用逻辑实证主义的原则，建立了一个根据少数几个原理来解释全部行为的复杂的假设——演绎理论体系。这是一个庞大冗长的理论体系，共包括 17 条假设和 133 条公理。受达尔文进化论影响，赫尔认为行为是有机体适应环境的反应，有机体内的生物性需要产生内驱力，内驱力是介于有机体和环境之间的“中介变量”，也是有机体所有行为产生的动力。刺激与反应之间的联结强度被称为习惯强度（sH_R），已经习得的反应发生的可能性被称为反应势能（sE_R）。习惯强度与强化具有函数关系，用公式表示，即 $sH_R=1-10^{-0.0305n}$（n 为强化次数），强化次数越多，内驱力下降，则习惯强度增加。反应势能是内驱力的数量（D）与习惯强度的函数，用公式表示为 $sE_R=sH_R\times D$。显然，赫尔的研究符合客观范式的理论旨向，而他所确立的假设演绎体系，无疑是这一理论的具体应用。1945 年，赫尔被实验心理学家协会授予久负盛名的沃伦奖章。“授予克拉克·沃纳德·赫尔：因为他精心地发展了一种系统的行为理论。这种理论激发了许多研究，而且被以一种精确的和量化的形式加以发展，以便可以进行能够被经验检验的预测。因此，这种理论在其自身中包含着最终证实其自身和最终可能反证其自身的种子。这是迄今为止心理学史上的真正独一无二的成就。”[①] 尽管赫尔通过这一体系，实现了心理学在研究对象、研究路线、研究方法与研究框架上完全的客观化，并且以中介变量概念规避了刺激—反应范式舍弃意识的弊端，进一步深化了客观范式。但是，他的体系也终因其冗长与不切实际而归于失败。

① 赫根汉．心理学史导论［M］．郭本禹，译．上海：华东师范大学出版社，2004：645.

总之，中介变量范式坚持心理学的自然科学定向，提出“中介变量”概念，以对行为进行客观和精确的描述、解释和控制为目标，寻求行为与环境之间的外显心物函数关系，拓展了客观实证的研究方法。这一范式使得客观主义与操作主义得到了淋漓尽致的发挥，既避免了刺激—反应范式在意识问题上的极端化，又保持了客观范式的根本特征，并使其更加精确和完善。然而，一派繁荣的背后，中介变量范式自身也面临诸多危机。首先，作为行为主义之哲学根基的逻辑实证主义已处末势。逻辑实证主义试图将哲学打造为一门精确科学的理论构想宣告失败，严格的操作主义也存在着因为对某些科学概念不能给予操作定义而被排除的局限性，因此被逐步放弃。其次，随着对学习、语言等研究的深入，将人与等同于动物，以动物研究的结果解释人的行为，受到了越来越多的批评。最后，将语言看作内隐行为的观点也受到了挑战，越来越多的证据发现，人类与动物的学习有巨大差异，语言更多的是来自于遗传而非环境。这样，客观范式亟须发展与完善，20 世纪 50 ～ 60 年代，在计算机科学与新三论的基础上，信息加工范式应运而生。

第三节　信息加工范式的形成与发展

信息加工范式是客观范式的进一步发展，是在客观范式的框架内对刺激—反应范式和中介变量范式的超越，它要解决的是前面两种范式意欲解决却始终无法解决好的难题：心理学如何获得客观知识而不丢弃带有主观性的内容。这一范式以探究人类内隐的心理机制为主要目的，进一步深化了客观范式的科学主义特征，拓展了心理学的解释框架。较之于前两种研究范式，信息加工范式将人的认知、意识等重新纳入心理学的研究范围，摆脱了行为主义以动物实验的结果来解释人所带来的困境，并使得心理学的研究方法有了新的突破。更为关键的是，它将人的认知比作计算机的程序，在对认知活动的解释上，看到了其主动性、整体性和复杂性，把认知过程看作是信息的不断地从低级到高级的记忆、思维活动的流动，从而改变了传统上静态地研究人的心理的方式。其特点主要表现：坚持自然主义（或机械主义或物理主义）的世界观，将人看作是计算机一样的存在物；坚持客观主义的研究路线，主张价值中立，笃信还原论，采用人机类比模式，以计算机输入—存储—输出来说明人的认知过程；使得意识重新成为心理学的合法对象；采用客观实证的研究方法，如实验法、口述报告法和计算机模拟等。

一、信息加工范式的形成

信息加工范式是在当代哲学、科学和心理学的培育下形成的，具体来说，是在机械论哲学、控制论、信息论和计算机科学以及刺激—反应范式、中介变量范式的基础上形成的。机械论是一种把生物学规律归结为力学、物理学、化学规律的理论。笛卡儿提出的“动物是机器”和拉·美特利提出的“人是机器”是这种机械论的著名论断。机械论者或把生命机体视为一架按照预先决定了的结构机械地生长、发育的机器，否认有机体具有自我调节、自我修复的生命活动特征，或用“刺激—反应”图式概括有机体的一切生命活动，认为有机体只有受外界环境的刺激才会被动地做出反应，否认生命活动的自发性、自主性、节律性。[①] 这对于心理学将人视为自然的一部分，将意识与行为看作是可以拆解为诸如物理元素或化学分子之类的成分等思想具有重要影响。不过，在心理学中，将意识客观化并作为心

① 金炳华. 马克思主义哲学大辞典［M］. 上海：上海辞书出版社，2003：235-236.

理学的研究对象，并不是一蹴而就的。心理主义主观范式的各心理学流派均涉及意识问题，如冯特强调研究意识的内容，铁钦纳强调意识的结构，机能主义则以意识和行为作为研究对象等。行为主义时期，虽然方法论行为主义者如托尔曼重视有机体内部认知过程的影响，但行为仍被看作是刺激与反应之间的联结，对于意识过程或认识过程的研究始终未处于主导的地位。正如米勒所讲，在 20 世纪 50 年代，“认知”还是一个不太好的词，因为认知心理学家常被看作是头脑不清、只会指手画脚且不严谨的人，他们实际上从来就不能做被证实的事。①

控制论、信息论和计算机科学的发展为心理学客观实证地研究意识提供了基础。控制论是一门以数学为基础，由韦纳于 1948 年提出的把研究通信工程、计算机和计算技术以及生物科学中的神经生理学和病理学等学科共同关心的共性问题联系起来而形成的边缘学科。它揭示机器通信、控制的机能与人的神经、感觉机能之间的共同规律，并为现代科技研究提供了崭新的方法。信息论则是用数理统计方法来研究和处理信息的度量、传递和变换规律的科学。它主要是研究通信和控制系统中普遍存在着的信息传递的共同规律，并探讨最佳的信息的获限、度量、变换、储存和传递等问题的基础理论。主要集中于对信源、信道、信宿、编码等问题的研究。信息加工范式借用了信息论与控制论，从信息输入、衰减、过滤、存储等过程对人的认知过程进行了一定的探讨。例如，信息检测理论给信息加工范式的启示：人类对有无刺激的决定不仅受信号强度、还受任务性质、对结果认知的影响。计算机科学的发展对信息加工范式的形成起到了决定性的作用。信息加工范式之所以将人比作计算机，用计算机信息加工的过程来模拟人的认知过程，是因为他们发现，人脑与计算机在处理符号的功能

① Baars B J. The cognitive revolution in psychology［M］.New York：Guilford press，1986：254.

方面，有着许多惊人的相似之处。人的心理过程与计算机的信息加工过程一样，也是一种信息的输入、编码、输出的信息加工过程。这样，用计算机类比和模拟人的认知过程是完全可行的。

信息加工范式承继了刺激—反应范式、中介变量范式中许多属于科学主义的东西并在此基础上有所发展：法则性解释、经验主义、注重实验室实验、操作主义、“自然科学的理性准则”，承继了经新行为主义修正过的逻辑实证主义与“人是机器”的主张。正是借助于控制论、信息论、计算机科学的发展，以刺激—反应范式、中介变量范式为基础，采用人机类比，信息加工范式不仅可以将此前刺激—反应范式排除在外的人的意识重新纳入心理学解释框架，还可以通过对人的认知过程的研究更加客观，也更为有效地解释和说明人的行为，克服中介变量范式的不足。

二、信息加工范式的发展

信息加工范式经过了两个阶段的发展。20 世纪 60 ～ 70 年代占主流的是认知主义，又称符号加工理论。从 80 年代开始占主流的是神经网络模型，又称新联结主义。认知主义以人机类比为基础，力图客观地揭示人类内隐的心理机制。它将人类认知的过程看作是信息加工、处理同化的过程，看成是一种符号的运算，将对象世界看成是符号的组合，通过对符号的存储、加工（推理反应、编码等）、提取和变换而完成人类的认知。[①] 其主要代表为西蒙和纽厄尔。他们认为，任何信息加工的系统都具有输入、输出、存储、复制、建立结构及条件性迁移六种基本功能。人类认知也是外界信息的输入、存储和输出的加工过程。在他们看来，人类和计算机都是通用问题解决者：二者接受信息（输入）、加工信息（编码和存储）并产生信

① 林继凯，李伟．认知主义与联结主义——从认知科学的发展看计算机信息管理技术的走向［J］．科技导报，1996，（6）：21-23.

息（输出）。认知心理学就是关于人是怎样接受信息、如何把它们重新编码、怎样记住、怎样做出决策、怎么样把它们转换成内部知识，以及怎么样把它们转换成行为输出。[①]认知主义还发展了功能主义的心身关系理论，将心理看成是大脑的功能，就如同符号运算是计算机的功能一样。那么，计算机能否和人一样具有思维能力呢？英国数学家、逻辑学家图林设计了一个测验：研究者向计算机和人提出同一个问题，计算机和人分别进行回答。问题和答案都通过键盘输入并用显示屏显示出来，要求人在一系列的问题中如实回答问题，并尽可能地让研究者确信他是人。计算机按照程序做出反应。经过一系列的测试，结果研究者并不能持续鉴别出答案是由人还是计算机做出。这一实验即被称为“图林测验”。“图林测验”说明，计算机具有和人类同样的思维。

认知主义的成功一度被看作是主流心理学的一场革命，它“促进了我们对心理本质与智力本质的理解”，其所揭示的科学奥秘的价值“与人类理解宇宙的发展，生命的起源或基本粒子的性质同价。”[②]但是，认知主义也面临着一系列问题，例如，对人机类比的隐喻并不能真正揭示人类的认知过程，计算机的运算与人类思维的实际也不相符。例如，瑟尔的“中国屋”实验表明，计算机虽然能够进行符号运算，但再复杂的计算机都不能在人类思维的水平上进行运算，即它们是在不懂得意义的情况下进行的规则运算。鉴于认知主义的一系列问题，从 20 世纪 80 年代开始，新联结主义逐渐占上风。

新联结主义继承了自桑代克以来的联结主义思想，在对大脑和神经网络新的理解的基础上，采用人机类比方法进一步拓展了联结主义，因而称为新联结主义。与桑代克联结主义的基本原理一样，新联结主义假设在

---

① 赫根汉．心理学史导论［M］．郭本禹，译．上海：华东师范大学出版社，2004：915.

② 黎黑．心理学史［M］．李维，译．杭州：浙江教育出版社，1998：754.

信息的输入和输出间存在着神经联结，这些神经联结形成一个复杂的网络模型，即神经网络模型。与认知主义相比，神经网络模型认为人类的认知不是简单的符号运算，而是神经网络整体结构活动的结果。首先，这一认识得益于生理心理学有关大脑功能的研究。对大脑功能的研究早在18世纪就已经开始，但在大脑功能遵循定位原则还是整体活动原则上，却常有争议，弗卢龙强调整体活动原则，布罗卡则认为大脑功能是定位的。行为主义者拉什里通过观察证实了弗卢龙的观点，认为大脑皮层活动遵循的是整体原则。赫布则在拉什里的基础上，进一步研究了大脑皮层细胞的联结，他发现，儿童大脑神经元之间的联结并无规则，但随着经验的增长，神经元组织变得更加系统化。赫布将这一发现用以解释学习问题，根据他的观点，童年时期的学习需要细胞组合和位相序列的缓慢增长，这类学习可以用联想心理学的术语来解释。成人的学习以顿悟和创造性为特征，这需要重新排列业已存在的细胞组合和位相序列。很快，赫布的发现就在新联结主义中出现。人脑被看作是一个复杂的神经网络模型，在这个模型中，神经元之间的联结随经验而变化，如果同时活动的神经元都联结起来，那么连贯的信息输入就会有连贯的信息输出。其次，由于大脑的整体活动原则，因而在信息加工的结果上，新联结主义的信息处理不是串行加工或程序加工，而是并行加工或分布加工。这样，少数几个神经元之间的联结，也能进行复杂的信息处理，从而大大提高了信息加工的效率。与认知主义相比，新联结主义最大的不同是能够模拟和复制人类所具有的许多能力，特别是学习能力。在认知主义的程序学习中，信息流任何一个部分的中断都会使学习活动停止，但新联结主义用神经网络内不断变化的兴奋和抑制模式解释学习，学习是在整个神经网络内发生的，只有这个神经网络的大部分活动中断，学习才会停止。显然，新联结主义更加接近于人类认知的实际。

总之，信息加工范式在客观范式的框架内，在刺激—反应范式和中介变量范式的基础上，提出人与计算机相类比的认知模式，并借助心理语言学的研究成果重新探究人的记忆、思维等内部心理过程，实现了对前二者的超越，充分反映了当代科学在实验基础上高度综合的研究特征，以及定性研究与定量研究相结合、宏观研究与微观研究相结合的特点。不过，对于信息加工范式的批评也从来就没有停止过，如瓦雷拉等在认知主义与新联结主义之外提出了共生主义取向，强调从日常的生活经验来理解认知。瑟尔的批评更加尖锐，在他看来，信息加工范式的两种理论，认知主义和新联结主义都无法解决他的“中国屋”实验提出的意义问题。他批评说：就像在昏暗的灌木丛里丢了车钥匙，却到路灯下寻找的醉汉一样，“因为这里的光线好一点”，我们企图找出人如何可能与计算机模型相像，而不去努力理解有意识的人类心灵实质上是如何运作的。[①] 布鲁纳则认为，认知科学解释人类认知的努力已经失败，因为它忽视了心理生活最重要的方面——意义。显然，能否在坚实的客观的基础上更加完整地研究人的意识与行为，是客观范式面临的重要挑战。

第四节　认知神经范式的形成与发展

认知神经范式是客观范式的最新发展形式，它继承了客观范式中的客观主义传统并致力于对人的心理与行为的神经机制的说明与解释。这一范式进一步诠释了客观范式：坚持心理学的自然科学定向，以揭示人的自然属性为根本目标，试图寻求人类认知过程的生物基础；笃信还原论，仍以动物研究的结果推及人类，以残障者的认知过程推及正常人；笃信科学主

① 赫根汉．心理学史导论［M］．郭本禹，译．上海：华东师范大学出版社，2004：937.

义和客观主义，将脑科学领域的实证技术用以研究人的认知过程，并认为这些技术可以揭示人的认知过程的所有奥秘；笃信实证主义和价值中立的研究原则，进一步发展客观实证方法并力图排除任何可能影响实验结果的主观因素。同时，认知神经范式进一步拓展了心理学的解释框架。当代心理学不仅可以从行为与环境的外显函数关系、行为的内在机制、人的内隐心理机制等方面去解释和说明心理与行为，也可以从心理与行为的神经机制进一步解释和说明心理与行为的本质。

一、认知神经范式的形成

认知神经范式是随着认知神经心理学的兴起而形成并不断完善的。认知神经心理学研究最早出现于19世纪下半叶，但直到20世纪80年代前后才再次发展起来。实际上，它是在70年代认知神经科学兴起的大背景下出现的，是认知心理学实验研究方法与人工智能研究手段在神经心理学领域应用的结果。因而，认知神经心理学也被看作是认知心理学的一个分支。目前，认知神经科学已经成为国际学术界公认的学术前沿阵地，并被看作是21世纪最具潜力的自然科学研究领域。认知神经心理学也理所当然地成为心理学研究的热点和前沿，代表了主流心理学的发展方向，不仅有大批神经科学家、生理学家和心理学投身到这一研究方向，而且正在吸引越来越多的学者投入到该领域的研究。一般认为，1977年在英国牛津大学召开的“深层阅读障碍研讨会”标志着认知神经心理学的开端，这次大会的成果《深层阅读障碍》则被看作是代表认知神经心理学研究方法的第一本重要著作。1984年*COGNITIVE NEUROPSYCHOLOGY*（认知神经心理学杂志）创刊，专门发表认知神经心理学研究的最新成果。

二、认知神经范式的发展

认知神经范式的内涵正随着认知神经科学特别是认识神经心理学的发展而不断深化，其特点主要展现在以下三个方面。第一，认知研究范式致力于心理和行为的神经机制的解释与说明，确立了客观的研究对象。其主要研究集中在：① 关于个体心理与行为的神经机制的说明；② 就已有的心理学理论寻求神经机制方面证据的支持；③ 借鉴认知神经科学对脑机制与脑功能研究的成果，寻求关于人类心理与行为模式的内在机制。这一范式以脑损毁或神经功能完整的成人，儿童或非人类的动物为研究对象，通过他们选择性损伤和保留的认知环节来推知人类正常的认知结构和加工方式。目前，认识神经范式主要有三个研究领域：发展的认知神经心理学、认知神经精神病学和计算认知心理学。发展的认知神经心理学主要以发展性认知障碍（个人成功发展的认知技能），如阅读障碍，或者特殊的语言损伤等为研究对象，通过对那些未能在正常情况下成功获得认知技能的个案的研究，探讨某种具体的认知技能是如何获得的。认知神经精神病学则致力于高级认知方面的障碍研究，如思维、推理、信念形成的过程中出现的各种障碍，如错觉、幻想或虚构等。认知神经心理学的最新发展是计算认知神经心理学研究，它以认知计算模型为理论基础。该模型假设，一个计算机程序具有开展诸如朗读或听写以确认和认识对象的认知能力，根据认知心理学的理论，这一认知过程和人类认知者在执行认知活动时的认知过程是一致的。因此，一个程序关于如何开展一项工作的形式描述与一个人如何开展一项工作的认知过程的形式描述是等同的。这样，就可以通过各种手段破坏这个程序，从而研究被破坏的程序受损和与未受损的功能与人类认知紊乱者在获取信息时的相似性。

第二，拓展了客观主义的研究原则。认知神经范式继承了信息加工范式人机类比的思想，将人脑与计算机进行类比，认为人类的认知过程是由一系列相对独立的成分协同完成的，这些成分不仅在结构上彼此分离，而且在功能上也相对自主。它们各司其职，彼此合作，致使信息在整个系统中有序地传递，最终完成认知加工过程。在认知过程的脑基础问题上，这一范式认为，特定的认知功能由专门的脑神经组织承载，而不是弥散于全脑。不同的认知环节可能有自身相对独立的神经基础，局部脑损伤会导致认知功能的选择性障碍，也就是说，认知过程在解剖上也呈模块化。并且，脑功能结构无个体差异，对于人类共同具有的一些基本的认知过程来说，个体之间的功能结构大体相同，无明显差异。因而可以以少数实验的结果推及全人类。①

第三，进一步发展了客观实证的研究方法。在研究方法上，认知神经心理学主要借助于传统认知心理学的研究方法与脑功能研究的新技术——事件相关电位（ERP）、正电子发射断层扫描技术（PET）和功能磁共振成像（FMRI）技术。在具体研究中，多采用相关法、单分离和双分离任务，以ERP、PET、FMRI为反应指标。ERP技术出现于20世纪50年代，指一种特殊的脑诱发电位，因其具有高时间分辨率的特点，可以客观反映认知过程中大脑皮层的不同时期的生化反应，因而被视为“窥视”认知活动的窗口，在认知功能研究中得到广泛应用。20世纪80年代以后，PET技术和FMRI技术相继出现。PET是现代医学影像学的重要成像手段之一，它从活体生物分子水平上，用三维图像的方式反映生物体特定部位机体功能的变化，在肿瘤检测和脑功能障碍方面具有重要价值。FMRI的信号则主要来自于组织液中的质子，相较于ERP和PET，其时间分辨率和空间分辨率更高，不仅可以有效地用于感知、注意、记忆的研究，而且因为能够跟踪信号的改变，所以

① 韩在柱等．认知神经心理学的基本假设和研究方法［J］．心理科学，2002，25（6）：721-722，663.

可以有效地研究思维过程，当前有越来越多的研究采用 FMRI 技术。

较之于信息加工范式，认知加工范式不仅发展了客观范式的科学主义特征，而且拓展了其能够解释与说明的范围，心理与行为的实质得以在更为准确和精细的层面上予以描述和解释。并且，认知科学方兴未艾，认知神经范式就宏观而言尚有巨大的发展空间，而随着脑电技术的进一步发展，在更加微观的层面上，进一步动态地揭示人类认知过程的奥秘不再遥远。正因如此，一些心理学家坚信，认知神经范式能够揭示人类心理与行为的全部内涵。但是，认知神经范式也面临着自身无法超越的困难，心理现象与生理现象存在着巨大的鸿沟，“需要留意的是，仅仅凭借这些生理活动往往难以区分开复杂而丰富的精神活动的特异性，因而现今认知神经科学的研究还不能用来寻求对心理现象的因果解释，众多的研究也只是揭示心理现象与脑神经活动之间的相关。在认知神经科学目前的研究热潮中，越来越多的心理学研究者开始将其研究的重心转移到脑科学领域，此时我们应保持清醒头脑，警惕丧失心理学研究的主体性而迷失自我，应避免走入企图将心理现象还原为生理现象的盲区。”①

争议固然存在，但从刺激—反应范式寻求行为与环境的外显函数关系到中介变量范式从内部寻求对行为的解释，再到信息加工范式对内隐心理机制的探讨，以及认知神经范式对心理与行为的神经机制的探讨，客观范式所涵盖和产生影响的心理学领域在不断扩大，此前不能以客观范式加以研究和解释的内容也逐渐统一到客观范式的框架内，这使得很多心理学家坚信：随着客观范式的不断发展，心理学不仅可以而且必然能够在自然科学的框架内统一，过去无法进行客观研究的心理学内容，今后均能被客观证实，而做到这一点，仅是个时间问题。

---

① 张卫东，李其维．认知神经科学对心理学的研究贡献——主要来自我国心理学界的重要研究工作述评［J］．华东师范大学学报（教育科学版），2007，25（1）：46-55.

第五章 主客观范式的历史定位

在第四章中，我们分析了围绕心理学知识能否获得自然科学的客观性这一主题而形成的两种研究范式：主观范式与客观范式各自的内涵与基本特征，并以此对心理学的发展进行了重新梳理，就两种研究范式各自的形成基础与发展脉络进行了讨论。可以发现，就心理学能否获得客观知识，以及由此衍生出的有关心理学研究对象、研究原则、研究方法的冲突与对立贯穿于整个心理学的发展过程，科学与人文、主观与客观、直觉与逻辑、还原与整体、决定论与非决定论等本应统一的两面却相互对立，成为心理学健康发展难以逾越的障碍。基于此，对主观范式与客观范式各自的贡献与不足予以准确定位，以此为基础探寻与人的本性、与心理学自身特点相适应的研究范式，进而实现当代心理学的整合，便具有重要的理论意义。

第一节 主观范式的贡献与局限

前已述及，主观范式是保留了主观对象与主观方法的心理学研究范式。持有这一范式的心理学家将意识或心理看作是心理学的应有研究对象，认为心理学知识可以获得客观性而无须排除主观对象与主观方法。主观范式的几种不同形态虽各有其特点：心理主义主观范式在认识论上坚持客观，但在本体论与方法论上坚持主观；人本学的主观范式则集中关注生命意义与存在价值，在本体论与方法论上表现出主观性；知识论的主观范式以获取知识为目的，部分认为采用主观方法可以获得完全摒弃了主体性的客观知识，部分认为心理学知识是主观知识；人本学与知识论相统一的主观范式则力图将事实与价值融为一体。但总体而言，在对人的本性的揭示、对心理学解释框架的拓展、心理学研究原则与方法等方面均展现出一些共同的特点。值得注意的是，无论是主观范式还是客观范式，其争论的是如何解决心理学知识的客观性问题，最终是要更好地认识人，服务人，正因如此，要对主观范式本身有一个合理的、恰当的定位，也就必须紧扣人的本性和心理学的使命而展开。

一、主观范式的贡献

第一，主观范式揭示了人的主体性、主观性与社会性，促进了心理学对人的完整本性的认识。主观范式看到了人之不同于物的主体性、主观性与社会历史文化特性，使得心理学在对人的认识上前进了一大步，心理学所研究的人也有了趋向于完整的形象。坚持主观范式，心理学家们看到了人与自然物有着根本的区别，人非“动物”，也不是机器，而是具有主体性、主观性、个体性的独特存在。在主观范式的发展中，心理主义主观范式初步意识到了人的双重本性，在努力探求人的物性的同时，并未简单否弃对人的主体性、主观性的探求。人文主义主观范式看到了客观范式对人主体性与主观性的遗落、对人的“神性”的消解、对人的“去圣化”所造成的弊端，力图重拾与人的主体性、主观性与社会性相关的研究主题。可以说，正是主观范式，也唯有主观范式，使得心理学不会丧失人之为人的独特本性，也才有可能建构出适合于人的完整本性的心理学。不仅如此，主观范式对人的主观性与主体性的重视，促生了以人的精神性和超越性为本体论的超个人心理学的产生和发展，在更为开阔的层面上加深了对人的研究，进一步完善了对人的认识与把握。

第二，主观范式确立了一套与人的主体性、主观性与社会性相适应的研究原则与研究方法。这一点，又体现在三个方面，一是主观范式继承了心理学“漫长的过去”中哲学形态的心理学以思辨方式对人的心理与行为研究的历史经验，这些思想中既包含了意识、心灵内容、他心知、幸福感等今日心理学不可或缺的重要主题，也包含了内省等重要的研究主观主题的方法。二是主观范式提供了对人的主体性、主观性的研究手段，使得心理学能够重拾在客观范式的框架下所忽视甚至丢弃的人类意识、动机、意义和价值等难以客观实证的心理内容。从这个意义上讲，主观范式扩展了心理学的研究范围，使得对于心理学问题的解决更具选择的余地，而不是以有限的客观实证方法施加于根本无法进行重复实验的对象。三是主观范式形成了整体主义、直觉主义的研究原则和非决定论的解释框架，以及内省、直观、理解等与心理学的主观主题相适应的研究方法。毫无疑问，主观范式对人的主体性、主观性与社会性的追寻以及研究原则与研究方法的确立，对我们完整地认识人的本质和构建与这种本性相适应的研究范式具有重要的意义和价值。

第三，主观范式证实了在客观范式所主张的符合论真理观之外，心理学研究可以通过精神分析、直观、理解与解释等主观研究方法获得对“事物本来面目”的认识，揭示了心理学知识具有相对性、历史性和主观性的特点。这些思想主要体现在知识论的主观范式以及人本学与知识论相统一的主观范式中，特别是人本主义心理学家马斯洛的心理学思想中，他在认识论层面上对客观性的解读，具有重要的意义和价值。同时，主观范式的某些主张贴近于人的现实生活，有力地推动了心理学在人的实践活动中的指导作用。部分地实现了心理学研究人、服务人的使命。精神分析、人本主义在心理咨询、教育文化产业的广泛应用充分地说明了这一点。

二、主观范式的局限

主观范式对心理学的全面发展无疑有重大贡献，但是主观范式对人的理解仍然是不全面的，也无法使心理学走上健康发展的道路。究其根本，乃是因其本身存在着一些无法克服的缺陷：

第一，主观范式以对人的主体性、主观性与社会性的追求作为心理学的使命，本无可厚非，但与此同时，却忽视了客观范式对人的客体性、客观性与自然性的追求。坚持主观范式，心理学家们在批判客观范式的不足时，也将与人的客体性、客观性与自然性相关的研究主题忽略了。对人的主体性、个体性的过分强调，也使得人的本质成为一个单个人的抽象属性。这样，心理学始终无法获得对人的完整认识，也就无法确立与人的本性相适应的研究范式。说到底，主观范式在对人及其本质的认识上，展现出的乃是一种二歧视野。

第二，坚持主观范式，心理学家们在批判客观范式的研究原则、研究手段与原则方法的同时，矫枉过正，走入了另一个极端。如在认识论上，人本学的主观范式否认科学研究的客观性，将科学看作是一个完全主观的过程，心理学知识也被完全看作是以主观性为基础的。在心理学知识解释框架上，人文主义主观范式既无力形成一个比较合理准确的知识检验标准，也无法对各种不同的研究结果给予合理的定位。在研究的具体手段与方法上，还存在着技术上的风险。特别是在一些具体的研究方法上，不要说普通人难以完成，甚至该领域的心理学家也有着误用的可能。如“现象的客观”的“悬搁”方法，就是一个典型，作为一种研究方法它很难用于一般人身上。并且，“当这种对信念的暂时悬搁僵化起来，从而变为对信念的消除，并在不知不觉之中导致了对被悬搁问题的永久忽视时，实行悬搁就变得很危险了，并且可能将这种方法误用到一些现象上……”①

第三，正如其赖以建立的人的主体性、主观性与社会性一样，主观范式所确立的研究方法面临着科学性的质疑。不可否认，人的主体性、主观性与社会性是人的完整本性的一部分，但与之相应的，主观方法存在着无法重复、不可通约的弊端，更加上理论上的深奥难懂、文字上的枯燥苦涩，加剧了对心理学主观对象与主观方法在实际研究中的科学性的质疑，使主观范式的发展受到了一定的抑制。

总而言之，主观范式以揭示人的主体性、主观性与社会性为目标，通过确立与这些属性相适应的心理学方法论，将那些被客观范式所忽略甚至丢弃的、难以客观实证地加以研究的心理学主题重新纳入心理学的研究序列，对于全面认识和把握人的本质，意义重大。但与客观范式一样，主观范式所窥见的人的本性仍非人的全貌，因之而形成的研究原则与研究方法，也就不能使心理学走上健康发展的道路。

第二节　客观范式的贡献与局限

客观范式坚持客观主义的认识路线，排除了主观对象与主观方法，认为心理学可以获得符合论式的客观知识。经过从刺激—反应范式、中介变量范式、信息加工范式到认知神经范式的发展，客观范式的内涵不断深化，其能够解释和说明的范围不断地拓展，特别是在认知神经心理学方兴未艾的今天，探讨客观范式的功过是非便不仅是心理学理论研究的需要，它还

① 施皮格伯格．现象学运动［M］．王炳文，等译．上海：商务印书馆，1995：957.

有更为广阔的现实背景，即如何在心理学具体研究中进一步深化和拓展客观范式。当然，对客观范式的评价，也应当紧扣人的本性和心理学的使命。

一、客观范式的贡献

客观范式在心理学的科学化进程中发挥的重大作用，已为心理学家们所共识，在如何看待人的本质，如何去认识和理解人的心理与行为的实质，以及如何在实际生活中应用心理学的原理去服务于人和人的生活这些方面，客观范式的作用是无可替代的。

首先，客观范式在揭示人及其存在的客体性和客观性、人的自然性方面，发挥了重要作用。心理学的主题是人，心理学研究的根本目的也是为人服务，对人的本质的理解也就成为心理学研究的基本出发点和最终目标。但是，人究竟是什么，人从哪里来，要到哪里去，人的心理与行为的本质是什么，人和自己所处的环境的关系是什么，人的主观性与客观性如何表现等问题，时刻都在折磨着人自己。客观范式内含了自然主义、物理主义和机械主义的世界观，将人看作自然界的一部分，看作是与其他自然物无异的客观存在。人作为自然界的一物，既不是上帝的臣民，也不是世界的中心，而是由猿猴经过漫长的进化过程而来的一种高级动物，与其他动物并无本质差异，人还常常表现出动物性的一面。同时，人作为自然界的一物，与其他物有着相近的“运行规律”，人的活动必然受制于环境。人既不神秘，也不复杂，人和机器工作的原理是一样的，人只不过是一款更为复杂的机器。由此可见，客观范式的本体论前提提供了对人的自然属性的正确理解，部分地实现了心理学认识人和了解人的使命与目标。

其次，客观范式确立了与人的客体性、客观性相适应的客观主义路线，对科学心理学的发展产生了重要影响。客观范式以对人的客体性、客观性和自然性的探寻作为心理学研究的使命，发展并确立了一套与人的这些本性相适应的研究原则和方法，如逻辑主义、还原主义的研究原则，决定论的解释框架，以及一套以实证主义、还原论为基础、以客观实验与数量统计为根本特征的研究方法。这些原则与方法的确立对于认识和解释人的自然性，理解人的心理与行为的客观方面，有着非常重要的意义，已经成为当今心理学研究必不可少的工具。借助这些方法，心理学取得了重要的进展，在当今科学研究的前沿，如生命科学、认知神经科学、脑科学等领域都活跃着心理学家的身影。并且，随着客观范式的不断发展，借助于实证技术的不断革新，一些早先不能采用客观实验方法加以研究的领域，现今已经成为实验心理学家们的重要阵地。例如，认知心理学中重要的研究领域——内隐认知，即弗洛伊德无意识思想在新技术条件下的实证研究。正因如此，诸多心理学家相信，客观范式的发展与技术的不断革新，可以使越来越多的传统心理学无法加以实证化的领域，逐步进入实验心理学家的视野。实验社会心理学的发展正是以实验研究方法为主而不是传统上以观察、调查方法为主的社会心理学新领域。

最后，客观范式确立了心理学的科学形象，并促进了心理学在人类生活中的应用。客观范式将人看作自然界的一物，以此为基础所形成的研究原则与研究方法，与自然科学的研究模式无异，这对于心理学科学地位的获得，有着重要意义。正是借助于客观范式，心理学获得了与其他自然科学一样的精确性和客观性，心理学的科学地位迅速提高，学科刊物越来越多，学科分类越来越细，心理学家的影响力也不断提升。并且，心理学正在对人类科学研究的其他领域产生重大影响，例如，心理统计学家斯皮尔曼的统计方法已被广泛应用于社会科学研究中，心理学的实验方法与统计技术也为其他学科如社会学、教育学等所借鉴。2002 年 10 月 9 日，瑞典皇家科学院将诺贝尔经济学奖授予美国普林斯顿大学心理学教授丹尼尔·卡尼曼和乔治·梅森大学经济学教授弗农·史密斯，用以表彰他们在实证经济学领域的卓越贡献。卡尼曼将心理学的深入分析融入到了经济学中，为一个崭新的经济学研究领域——行为经济学奠定了基础。与此同时，客观范式也促进了心理学在社会生活中的应用。客观范式的各心理学体系，是应用心理学发展的重要推动力，最为典型的莫过于行为主义心理学，在第一次世界大战和第二次世界大战期间，行为主义原理被广泛用于士兵甄别、选拔和培训，司法、工业、临床、教育等领域也逐渐有大批的应用心理学家成长起来。

二、客观范式的局限

客观范式在促进心理学的长足发展的同时，却因其自身固有的缺陷为今日心理学出现的危机埋下了伏笔。从根本上讲，客观范式乃是以主观与客观的二分法为基础的心理学方法论，这一根本特征决定了客观范式在本体论、认识论和具体研究方法上突出人的存在、人的心理与行为的客观性，而忽略甚至忽视人的存在、人的心理与行为的主观性。具体来说，客观范式之不足体现在如下方面：

第一，客观范式忽视甚至遗忘了人的主体性、主观性与社会性。在客观范式的发展中，刺激—反应范式、中介变量范式将人等同于动物，把动物实验的结果直接推广到人身上；信息加工范式将人看作一架复杂的计算机，以人机类比作为其研究的出发点；认知神经范式则以脑损伤患者为研究对象，力图揭示正常人的认知神经机制。对人的这种“物”化处理，是以主体性的遗落、个体性的丧失、整体性的消解为代价的。从本质上讲，人是一个兼具主体性与客体性、主观性与客观性、自然性与社会性的生物，只看到人的客体性、客观性与自然性，而忽视主体性与主观性，脱离特定的社会环境去研究人的心理与行为，所把握的只能是单个人的抽象的、静止的本质，人的形象也变得支离破碎。

第二，与对人的本质的片面理解一致，客观范式遗落了与人的主体性、主观性和社会性相应的研究主题。坚持客观范式，心理学被看成是自然科学的事业，客观性是其基本特征，这样，以客观性为特征的研究方法成为选择研究对象的标准，诸多带有主观性的内容被拒之于心理学大门之外。人的目的、价值、自由、尊严、动机，人存在的意义和生活的体验均成为心理学研究的“方外之地”，甚至意识也曾被刺激—反应范式抛弃。这种唯方法是从，以方法决定研究对象的做法，即方法中心论。方法中心论隐含着的“客观的即是科学的”的内在逻辑，使心理学形成深钻方法的建设和完善的定式，心理学研究的问题变成了方法的附庸。心理学家往往以发展出一套客观实证的精密复杂的方法为荣，似乎采用的方法越“难懂”，研究的结果越有说服力，越“客观”。而什么样的主题能够成为科学主义心理学的研究主题，关键不是该主题的研究意义和价值，而是有无客观的研究方法可以用于该主题的实证化。

第三，客观主义的认识路线，逻辑主义、还原主义的研究原则以及决定论的解释框架，阻断了心理学与人的现实生活之间的关联，大大限制了心理学能够加以解释的人的心理与行为的范围。这方面，表现比较突出的是遵循客观范式的基本原则，既无法研究也无法解释心理咨询与心理治疗领域的一些问题，无法洞悉人的宗教心理和迷信心理等。比如，对于人们在日常生活中遇到一位心理学家首先会问到的问题：你知道我在想什么吗？（大多数人认为心理学家很“可怕”，因为觉得他们可能知道自己当前内心的想法）心理学家的解释往往让人啼笑皆非，以心理学家不是“布卦算命”来回答。类似的事情也经常发生在心理学的课堂上，很显然，这在很大程度上影响了心理学的盛誉。此外，在面对情感问题或者人生各种危机的时候，尽管科学主义心理学的知识可能已被悉数掌握，但对于诸如我应该做何选择，人究竟为什么而活才有意义等问题，心理学家能够加以解释的且具说服力的，实在少之又少。

总之，客观范式以对人的客体性、客观性与自然性的追寻为使命，确立了与人的这些本性相适应的研究原则与研究方法，为心理学科学形象的树立以及在社会生活中的应用产生了重要影响。更为关键的是，揭示了人作为自然界一员的“物”性。但遗憾的是，站在客观范式的立场，人的主观性、主体性与社会性，以及与此相关的研究主题也被相应地忽视或者抛弃，人与现实生活的关联被阻断。一句话，客观范式无法完整地揭示人之本性，正是对人的本性的不完整的认识，造成客观范式无法完成自身的使命，从而无法代表心理学的未来。

第三节 心理学的未来

不可否认，主观范式与客观范式围绕心理学知识客观性问题的对立对于心理学的发展具有重要的意义，正是在对立纷争中，心理学得到了长足的进步。但也正是由于这种对立与纷争，特别是对心理学的根本主题——人的认识上的片面性，决定了其研究视野必然是狭隘的，决定了坚持主观范式的心理学与坚持客观范式的心理学均不能代表心理学的未来。总之，主观范式与客观范式对人的认识是片面的、不完整的，其根源在于，它们均以非此即彼的二歧视野来认识人，理解心理学。

二歧视野是适用于物种研究的受形式逻辑支配的二分式思维方式，它以二元分立为前提，强调非此即彼的分类原则。它的生存依据根源于“物”的本性。任何“物”都具有先定性、普适性和凝固性的特点。与此相应，寻求事物先定的、普适的本质就构成了认识的基本任务。形式逻辑的“同一律”“排中律”“不矛盾律”“是即是，否即否”的非此即彼的原则便成了认识的基本逻辑，比较分析、抽象和概括，求同存异则成了认识事物本质的基本方法。以二歧视野来认识人，理解心理学，便有了客观范式从人的客体性、客观性与自然性出发，笃信客观实证的真理，坚持以客观实证的研究方法来探讨人，将知识看作是永恒不变的，人的本性不是生成的，不是在主客体相互协同作用的实践活动中形成的，而是主体趋同于客体，是主体对客体的符合。主观范式则坚持以主体性、主观性和社会性为出发点，探讨了人之区别于动物的那些属性，强调主观对象与主观方法的重要性。无论是在主观范式还是在客观范式中，人始终不是一个完整的人。显然，出路只能来自于摆脱二歧视野，彰显与人的完整本性相适应的整合视野。

心理学整合视野的生存依据与基本内容，根源于心理学的研究对象——人的本性。心理学的研究视野由二歧到整合的转换，实质上则是心理学研究方式由"物"的逻辑到"人"的逻辑的跃迁。[①] 对人的完整本性的全面认识，就成为心理学整合视野的基石。马克思主义哲学提供了对人的全面认识的可能。它将人看作是一种自我创造性的存在，看作是主体与客体、主观与客观相统一的存在，看作是自然性存在与社会性存在、现实性存在与历史性存在的统一。它完整地表述了人与外部世界的相互关系。

第一，人是集自然性与社会性于一身的统一体。人与自然、人与社会之间的关系是研究人首先要面对的问题。就人与自然关系来看，人既是自然中的一物，又是超越自然的他物，人离不开自然，人又超越自然。人与自然总是处在这样那样的关系中。人作为自然中的一物，他便具有其他自然物所具有的自然性。人是自然长期进化的产物，和其他自然物一样，就其存在而言，是离不开自然的。人作为自然物的存在本身，便遵循着自然规律。自然有春夏秋冬的季节变化，人有生老病死的生命历程，构成人的

① 彭运石 . 心理学的整合视野［J］. 湖南师大教育科学学报，2002（1）：1-10.

躯体的东西和构成自然物的东西没有本质的区别。人和动物之间也就有着作为自然物共同的东西，有共同的生理性需要，有以生理性需要为基础的本能，最关键的是，人有着与动物同样的作为自然物的根本属性，因此，就其自然性而言，人就是动物。人的自然性还表现为类群性，即人作为自然物固有的延续性，人的生理结构通过遗传的方式具有了生物学意义上的普遍性，虽有个体表现的差异，但作为类或群的人具有共同的感知能力与理性思考能力。但人又不完全等同于自然物，人超越自然。人对自然的超越，突出表现为人是社会性与历史性的存在。从人和社会的关系看，人是离不开社会的。人的自然性的展开离不开人的社会生活，这表现为脱离社会生活的个体，其大脑与神经发育便处于十分滞后甚至停滞的状态。人和动物的区别之一也在于人的社会生活，动物虽然也有社会性的活动，但它们是以生理需要和本能为前提的社会活动。人类的社会活动则是以非本能的需要为基础的。人类个体的发展也表明，人具有社会性。人的社会活动决定了人的心理与行为模式，决定了他自为的存在方式。人的社会活动也存在类群性的特点，即不同社会环境中的群体，其心理与行为模式也不相同，表现为不同社会环境下的种族性。人的自然性与社会性又是辩证统一的，人兼具自然性和社会性，“只有在社会中，人的自然存在对他来说才是他作为人的存在……只有在社会中，自然界才是人自己作为人的存在的基础。”①

第二，人是集主体性与客体性于一身的统一体。人与自然、人与社会的关系还表现为人要认识自然、认识社会、认识自己。而如何看待人与自然、人与社会的关系也决定了人怎么样认识自然、认识社会和认识自己。人离不开自然与社会，乃是因为人既是具有能动性的存在者，好奇与欲望

① 马克思，恩格斯．马克思恩格斯全集（第42卷）［M］．北京：人民出版社，1960：122.

是人认识自然和社会的原动力，又是具有对象性的存在者，“人作为自然的、肉体的、对象性的存在物，同动植物一样，是被动的、受制约的和受限制的存在物。”[①] 作为能动性的存在者，人是认识活动的主体，作为对象性的存在者，人则是认识活动的客体。并且，自然与社会也不是先在地给予人的，而是人在自己的对象化活动中生成的。这样，人与自然和社会的关系便不是单向的主动与被动的关系，而是相互制约、相互生成的关系，也正是在这种关系中，人既是主体又是客体。

第三，人是集现实性与历史性于一身的统一体。人与自然、人与社会的关系还表现在人的现实性与历史性上。人作为自然物的存在，首先具有现实性的特点，这表现在人的现实活动、人的现实生活中人的存在，人总是与特定的现实环境相关联。现实性是对人的静态的、抽象的本质的反应。人还具有历史性的特定，是对人的动态的、发展的本质的反应。人作为类存在物，突出地表现为人的本质是历史地生成并发展的，人自身凝结着人类社会的历史发展所沉积下来的各种文化传统和价值体系，它既是作为类存在的人的特征，又是作为个体的人的特征。人的现实性与历史性又是统一的，这是因为人类的存在既是现实环境下的存在，又是历史积淀的存在，个体的存在是在现实与历史的交融中生成的。“个人的发展取决于和他直接进行交往的其他一切人的发展，彼此间发生关系的个人，其世世代代是相互联系的。后代的肉体的存在是由他们的前代决定的，后代继承了前代积累起来的生产力和交往形式，这也就决定了他们这一代的相互关系。总之，发展不断地进行着，单个人的历史决不能脱离他之前的或同时代的人的历史，而是由这种历史决定的。”[②]

第四，实践活动是人存在的最高本质。马克思主义哲学将实践看成是

① 马克思，恩格斯．马克思恩格斯全集（第 3 卷）［M］．北京：人民出版社，2002：324.
② 马克思，恩格斯．马克思恩格斯全集（第 3 卷）［M］．北京：人民出版社，2002：515.

人与外界沟通的最基本方式，是人的生命以及生产活动的基本形式，是人存在的最高本质。人的本质不是先天规定的，而是在人的实践活动中不断发展的，它有着历史的继承性，又深受当时的社会环境的影响。人的本质在于从事自由和自觉的活动。正是在人的创造性实践活动及其结果中，人才能不断地展现自己的本质。人的本质并非静止不变的，而是随着人类的实践活动不断发展和完善的。因而人的自然性与社会性、主体性与客体性、现实性与历史性的统一也是在实践活动中展开的。实践活动的展开就其本身而言，又充分体现了人的主观能动性，人通过实践活动达成自我认识与自我改造，人只有通过实践这种真正的人的自我意识与自我改造，才能自觉地进行选择与创造，才能理论地和实践地处理自身与外界的关系，才能现实地和实际地依赖和掌握外界，促成人属世界向属人世界的持续转换。一句话，“把人看作是一个能融主观与客观、是与应该、整体与部分、一般与个别、目的与因果、内化与外化等诸多对立于一体的‘否定性的统一体’”①。

总而言之，人是在实践活动中生成的集自然性与社会性、主体性与客体性、主观性与客观性、现实性与历史性的“否定性的统一体”，人的本质决定了心理学必须以整合视野来研究人。“心理学的整合视野要求的是心理学研究应立足于对人的整合本性的完整把握，据此框定心理学的研究范围，确立心理学的研究方法，构建心理学的理论，批判地吸收心理学的历史遗产，以构建出人的完整形象，促进心理学的应用。”②

立足于心理学的整合视野，主观范式与客观范式在理念上是辩证统一的，即均以人的全面本质的认识为出发点，构建切合于人的心理学研究范式。从这个意义上讲，彻底的客观主义与彻底的主观主义是一致的。无论

---

① 彭运石．心理学的整合视野［J］．湖南师大教育科学学报，2002，（1）：1-10.

② 彭运石．心理学的整合视野［J］．湖南师大教育科学学报，2002，（1）：1-10.

是主观范式还是客观范式，均有其合理的地方，均应给予合理存在的空间。以此来关照未来心理学的发展，我们认为，主观范式与客观范式的整合包括以下三方面的内容：

第一，确立心理学的多元文化视角。以对人的全面本质的把握为依据生成的心理学整合视野，所展现的乃是心理学的多元文化视角。“多元”是相对于“二元”而言的。“二元”乃是围绕主观范式与客观范式的对立在心理学研究中出现的对立的两极，其中以科学与人文两种文化最为突出。英国科学家斯诺率先提出了思想界中“两种文化”的对立：以科技知识分子为代表的科学主义和以人文知识分子为代表的人文主义。斯诺之后，许多心理学家就心理学中的“两种文化”进行了研究和分析，如沃特森（1967）提出心理学中十八种相互对立的范畴。[①] 金布尔（1984）提出心理学中相互对立的 12 个维度，并通过定量分析，确定这 12 个维度中有 5 个核心，分属科学与人文两种不同的传统。[②] 显然，“二元”文化视角是一种非此即彼的二歧式思维方式，心理学要么是科学的，要么是人文的。人要么具有主体性与社会性，要么具有客体性、客观性与自然性。“多元文化视角”则是以心理学整合视野为基础的，它主张以人的完整本性为出发点，兼容各种能够揭示人的本性的观点。人是自然性与社会性的统一，是主体性与客体性的统一，又是现实性与历史性的统一，因而，揭示人的自然性与客体性的科学心理学视角、揭示人的主体性与主观性的人本主义视角、揭示人的自然性、主体性的精神分析视角、揭示人的社会性与历史性的生物进化视角、揭示人的行为的自然性与客观性的行为主义视角、揭示人的文化

① Watson R I. Psychology: A prescriptive science.［J］.American Psychologist，1967，22（5）：35–443.

② Kimble G A. Psychology's two cultures［J］.American Psychologist， 1984， 39（8）： 833–839.

性的文化心理视角等均应在兼容在心理学整合视野中，成为心理学发展的基本原则。相较于“二元文化视角”，“多元文化视角”能更好地揭示人的全面本质，且顺应了当代心理学的发展趋势。

第二，心理学是一门人的科学。心理学学科性质划界问题是确立心理学研究视角之后面临的又一重大问题，它是心理学研究范式的重要部分，是心理学家思维方式的直接体现，它直接决定着心理学研究取向、研究对象以及研究方法的性质。在当代心理学中，就心理学的学科性质，有着多种不同的观点，总体而言，有自然科学、人文科学、中间科学（边缘科学）、文化科学、综合科学等。其中自然科学与人文科学的科学观影响最大。在此，我们无意详细考察每一种观点，我们仅就其理论依据与发展状况加以考察。首先，从心理学科学观的发展历程来看，心理学家们对于心理学学科性质问题的考察始终没有停止过，对这一问题的思考也在不断地深入。早在19世纪初，心理学家们便表达了对于心理学科学观的看法，如约翰·穆勒将心理学与气象学、潮汐学相比较，认为心理学具有成为一门人性科学的首要特征；赫尔巴特则认为心理学是一门建立在数学之上的科学。1879年实验心理学诞生之后，自然科学定向一直占据着主导地位，主流心理学无不以建设一门自然科学的心理学为努力目标。到20世纪50～60年代，随着人本主义心理学的兴起，心理学的人文科学定向再一次得到重视，并演变为与自然科学定向抗衡甚至对立的科学观。20世纪70年代之后，又形成了将心理学看作是一门中间学科（边缘学科）的观点，认为心理学既包括自然科学性质，又包括人文科学性质。80年代之后，随着心理学的文化转向，又有了心理学看成是一门文化科学的观点。当代心理学中，还包括了心理学的综合科学观、超科学观等不同的认识。后面提到的这几种科学观的发展演变，充分表现出对自然科学话语霸权的挑战，更为重要的是，它反映了心理学家对心理学自身使命的认识过程，经历了由对人的某种单一属性的揭示向人的综合属性的揭示的过渡。其次，对人的本质的认识，还反映在各种科学观的生成依据上。无论是将心理学看作是自然科学还是人文科学，抑或其他科学，均是以心理学对人的本质的认识为前提的，将人等同于物，强调人的“物”性，形成心理学的自然科学观；而将人从物中剥离，强调人的主观性，则形成了人文科学观；认为人既有“物”性，又有主观性，则形成了心理学的中间学科（边缘学科）观；认为人是物又超越了物，形成的便是心理学的超科学观，如此种种。以对人的本质的认识为生成依据的科学观毫无疑问均有着合理之处，有其积极的意义和发挥效用的范围。“问题就在于，在对心理学性质的理解上，每一种观点和划界标准都不约而同地站在了‘自己’的立场上，或是站在了批判和反对另一方观点的立场上。”①显然，这是一种非此即彼的二歧视野。前已述及，人是兼具自然性与社会性、主体性与客体性、现实性与历史性的“否定的统一体”，人的本性决定了心理学应以对人的这些本性的全面认识和把握为使命，从这个意义来讲，心理学乃是一门人的科学，将心理学单纯地看作自然科学、人文科学抑或其他科学的说法，显然是不贴切的。一门关于人的心理学应以人为基本的研究对象，着重于对人的心理与行为特性的全面把握，这样，能够全面展示人的本质的各种科学观、各种理论观点和研究方法均是兼容的，各有其合理发挥作用的空间。

第三，在心理学研究的实践中达成主观与客观的辩证统一。以心理学的整合视野来看当前心理学的各种研究范式，立足于多元文化视角，将心理学看作是一门人的科学，致力于从多个角度实现对人的本质的全面把握的话，那么，未来心理学展现出的将是一幅充满生机、充满活力、充满人性的画面。首先，在心理学研究要达成的基本目标上，未来心理学是以认

---

① 孟维杰．梳理与反思：心理学科学划界“观”的别样思考［J］．自然辩证法通讯，2008，30（2）：96-100，112.

识和把握人的完整本性为出发点的，它对于人的心理与行为的研究是以开放和包容的态度为前提的：心理学各种视角、各种范式均有着合理的生成依据和存在价值。各种视角、各种范式之间也是以开放和包容的态度来看待彼此的。这样，以主观范式和客观范式的对立为基础而衍生出的各种对立也将在人的科学的框架下得以统一。差异与分歧势不可免，但仅是在心理学统一的内部的争执与讨论，是心理学研究发展和完善必不可少的动力。在心理学研究对象上，未来心理学以人的全面本质为出发点，人的心理与行为的全部内容均应成为心理学的合法对象。主观范式所确立的与人的主体性、主观性和社会性相关的人的内部经验，人的意识和无意识，人的目的、潜能，人的情感，人生存的意义、价值，客观范式所确立的与人的客体性、客观性和自然性相关的人的外部经验，人的认知过程，人的行为，人的心理与行为的生理过程与脑机制，均应成为心理学研究的对象。人的常识心理、宗教心理、超自然及超精神的心理状态也应进入心理学家的研究视线。在心理学知识观上，未来心理学也就有了完全不同于客观范式和主观范式的见解。客观范式的符合论真理观，主观范式的对摈弃一切主体的客观知识的追求，究其实质，均是建基于主体对客体的“辩证统一，是主体对客体的“本来面目”的反映，具有客体趋同性。真理本是立足于人的本性的，真理表现着人性，属于人的存在方式，而实践是人的根本属性，所以，心理学的知识必然是在人的实践活动中不断达成的，是在主体与客体的相互作用和相互趋同中达成的。在心理学研究原则上，以问题为中心，定性与定量、整体与还原、直觉与逻辑协同发挥作用。以问题为中心，意味着根据研究对象的性质来选择研究手段和研究方法；意味着不论什么样的方法只要有助于问题解决就应给予足够的重视；以问题为中心还意味着定性与定量、整体与还原、直觉与逻辑没有本质上的对立，而是完成心理学使命的同一而二的两个方面。在心理学研究方法上，主观范式所确立的内省、体验、直观、理解等研究方法与客观范式所确立的客观描述、实验统计、数学和逻辑的方法，均是认识人的心理与行为的有效方法，它们不仅具有同等的价值，而且可以在具体研究中结合使用。此外，历史分析法、文献分析法、个案研究法等也应在具体研究中综合使用。方法不再有研究取向或者学派的印记。方法也不再是僵化的、一成不变的，而是随着人的实践本质的发展变化而不断丰富、不断拓展的。

总之，从心理学的整合视野出发，在实践中实现主观范式与客观范式的辩证统一，以发展的眼光就心理学研究的合法主题，进行恰当的定位，抛却学科、流派的偏见，以多元视角来解释人的心理与行为问题，根据问题的性质选择可靠的研究方法，如此种种，心理学终将真正成为一门人的科学。

参考文献

[1]［美］爱德华·托尔曼．动物和人的目的性行为［M］．李维，译．杭州：浙江教育出版社，1999.

[2]［奥］阿德勒．理解人性［M］．陈太胜，等译．北京：国际文化出版公司，2000.

[3][美]Alan Carr.积极心理学——关于人类幸福和力量的科学[M].郑雪，等译．北京：中国轻工业出版社，2008.

[4]［俄］A. 布鲁林什斯基．心理学研究的客体——人——访俄罗斯科学院心理学研究所所长［J］．文华，译．国外社会科学，1996，（4）：39–42.

[5]［美］奥尼希．爱与生存：亲密关系的医疗作用［M］．苏燕，译．北京：新华出版社，2000.

[6]［德］鲁道夫·卡尔纳普．世界的逻辑构造［M］．陈启伟，译．上海：上海译文出版社，1999.

[7]［美］贝斯特．认知心理学［M］．黄希庭，等译．北京：中国轻工业

出版社，2000.

[8] [法] 保罗·利科尔 . 解释学与人文科学 [M]. 陶远华，译 . 石家庄：河北人民出版社，1987.

[9] 车文博 . 统合主客观心理学范式建构中国大心理学体系 [J]. 社会科学战线，1995（5）：4–7.

[10] 车文博 . 西方心理学史 [M]. 台湾：东华书局，1997.

[11] 车文博 . 人本主义心理学评价新探 [J]. 心理学探新，1997，19（1）：4–15.

[12] 车文博，人本主义心理学 [M]. 台湾：东华书局，2000.

[13] 车文博，等 . 西方心理学思想史发展规律的探析 [J]. 社会科学战线，2001（3）：41–52.

[14] 车文博 . 客观实验范式与主观经验范式的整合——当代西方心理学理论范式发展的走向 [J]. 自然辩证法研究，2003，19（5）：1–6.

[15] 车文博 . 西方心理学思想史 [M]. 长沙：湖南教育出版社，2007.

[16] 蔡曙山 . 认知科学框架下心理学、逻辑学的交叉融合与发展 [J]. 中国社会科学，2009（2）：25–38.

[17] 陈宏 . 论现代心理学研究方法 [D]. 长春：吉林大学，2006.

[18] 陈嘉映 . 海德格尔哲学概论 [M]. 上海：生活·读书·新知三联书店，1995.

[19] 陈巍 . 脑与行为的进化史观：整合心理科学的“战役式”设想 [J]. 青岛大学师范学院学报，2010，27（2）：22–28.

[20] 陈少华，郑雪 . 整体与部分之和—— 一种整体论的心理学模式 [J]. 自然辩证法研究，2000，16（8）：1–4，14.

[21] 陈旭峰 . 倾斜的方法论天平——客观主义方法论存疑 [J]. 武汉科技大学学报（社会科学版），2010，12（4）：34–37.

[22] 陈玉明. 主客二分研究范式研究之研究——心理学方法论的困境与出路[D]. 长沙：湖南师范大学，2003.

[23] 丛晓波，等. 找回心理学失去的自我——心理学研究主题的历史探寻与当代启示[J]. 南京师大学报（社会科学版），2004（5）：85-89.

[24] [美]达菲. 心理学改变生活[M]. 张莹，译. 北京：世界图书出版公司北京公司，2006.

[25] 丁峻. 当代认知科学中的哲学问题——还原论、整体论和心身关系[J]. 宁夏社会科学，2001（6）：24-29.

[26] 杜晓霞. 认知神经科学还原论与心理学[J]. 湖南工业大学学报（社会科学版），2009，14（1）：97-99，160.

[27] [美]E.G. 波林. 实验心理学史[M]. 高觉敷，译. 上海：商务印书馆，1981.

[28] [德]恩斯特·卡西尔. 人文科学的逻辑[M]. 关子尹，译. 上海：上海译文出版社，2004.

[29] [美]菲利普·津巴多. 心理学与生活[M]. 王垒，等译. 北京：人民邮电出版社，2003.

[30] [美]弗拉森. 科学的形象[M]. 郑福祥，译. 上海：上海译文出版社，2002.

[31] [奥]弗洛伊德. 精神分析引论[M]. 高觉敷，译. 上海：商务印书馆，1984.

[32] [美]弗洛姆. 弗洛姆著作精选——人性·社会·拯救[M]. 上海：上海人民出版社，1989.

[33] [美]弗兰克·戈布尔. 第三思潮——马斯洛心理学[M]. 吕明，等译. 上海：上海译文出版社，1987.

[34] 高觉敷 . 西方近代心理学史 [M] . 北京：人民教育出版社，1982.

[35] 高清海 . 高清海哲学文存（第 2 卷）[M] . 长春：吉林教育出版社，1997.

[36] 高清海 . 价值选择的实质是对人的本质之选择 [J] . 吉林师范大学学报（人文社会科学版），2005（6）：1–3.

[37] 高清海 . 论人的“本性”——解脱“抽象人性论”走向“具体人性观”[J] . 社会科学战线，2002（5）：216–222.

[38] 郭本禹 . 百年历程：精神分析运动的整合逻辑 [J] . 南京师大学报（社会科学版），2007（5）：91–96.

[39] 郭本禹 . 精神分析发展心理学：发展脉络与思想内涵 [J] . 南京师大学报（社会科学版），2009（5）：94–100.

[40] 高峰强 . 现代心理范式的困境与出路——后现代心理学思想研究 [M] . 北京：人民出版社，2000.

[41] 高新民 . 心灵哲学 [M] . 北京：商务印书馆，2002.

[42] 高新民 . 人心与人生——广义心灵哲学论纲 [M] . 北京：北京大学出版社，2006.

[43] 高申春 . 范式论心理学史批判 [J] . 自然辩证法研究，2005，21（9）：29–32，37.

[44] 高申春 . 心理学：危机的根源与革命的实质——论冯特对后冯特心理学的关系 [J] . 吉林大学社会科学学报，2005，45（5）：150–155.

[45] 高媛媛 . 心理学的知识互惠问题研究 [D] . 长春：吉林大学，2008.

[46] 葛鲁嘉 . 心理文化论要——中西心理学传统跨文化解析 [M] . 沈阳：辽宁师范大学出版社，1995.

[47] 郭永玉 . 精神的追寻——超个人心理学及其治疗理论研究 [M] . 武汉：

华中师范大学出版社，2002.

[48]［美］哈里·威尔默．可理解的荣格——荣格心理学的个人方面［M］．杨邵刚，译．北京：东方出版社，1998.

[49]韩立敏．心理学分裂的危机及整合的道路［J］．河北师范大学学报，2001（4）：57–62.

[50]韩在柱，等．认知神经心理学的基本假设和研究方法［J］．心理科学，2002，25（6）：721–722，663.

[51]韩志伟．实践与辩证法——从对象性思维方式到实践性思维方式［D］．长春：吉林大学，2004.

[52]［美］赫伯特·施皮格伯格．现象学运动［M］．王炳文，等译．上海：商务印书馆，1995.

[53]洪晓楠．超越决定论和非决定论的两极对立［J］．科学技术与辩证法，1998，15（5）：1–5.

[54]胡中峰．论心理学的学科划界问题——从科学哲学中关于科学的划界标准谈起［J］．自然辩证法研究，1998（4）：24–27.

[55]霍涌泉，等．心理学理论研究的范式转换及其意义［J］．陕西师范大学学报（哲学社会科学版），2007，36（4）：111–117.

[56]［美］J.P. 查普林，T.S. 克拉威克．心理学的体系和理论［M］．林方，译．上海：商务印书馆，1983.

[57]［德］伽达默尔．哲学解释学［M］．夏镇平，译．上海：上海译文出版社，2004.

[58]［英］吉尔德·德兰狄．社会科学：超越建构论和实在论［M］．长春：吉林人民出版社，2005.

[59]荆其诚．中国心理学会第四届理事会工作报告［J］．心理科学通讯，1990（1）：58–60.

[60] 刘将，等. 神经精神分析学的兴起与展望 [J]. 西北师大学报（社会科学版），2010，47（3）：74–79.

[61] 李键. 心理学是关于主观实在的科学 [J]. 学术探索，2005（2）：12–16.

[62] 李晓航. 心理学研究工具与心理学的发展 [J]. 心理科学，2010，33（1）：250–252.

[63] 卡尔·波普尔. 客观知识——一个进化论的研究 [M]. 舒炜光，等译. 上海：上海译文出版社，1987.

[64] [美] 卡伦·荷妮. 神经症与人的成长 [M]. 陈收等译. 北京：国际文化出版公司，2000.

[65] [波] 科萨克. 存在主义的大师们 [M]. 王念宁，译. 北京：中央编译出版社，2003.

[66] [法] 拉·美特利. 人是机器 [M]. 顾寿观，译. 上海：商务印书馆，1996.

[67] 李超杰. 理解生命——狄尔泰哲学引论 [M]. 北京：中央编译出版社，1994.

[68] 刘慧玲. “四维一体”视野中的心理与文化——兼论文化心理学的研究 [D]. 长沙：湖南师范大学，2008.

[69] 刘旭峰. 直觉的位置—直觉主义心理学方法论探微 [D]. 长沙：湖南师范大学，2004.

[70] [美] 罗洛·梅. 爱与意志 [M]. 冯川，译. 北京：国际文化出版公司，1987.

[71] [德] 吕克. 心理学史 [M]. 吕娜，等译. 上海：学林出版社，2009.

[72] 刘放桐. 新编现代西方哲学 [M]. 北京：人民出版社，2000.

[73]［英］迈克尔·波兰尼．个人知识［M］．许泽民，译．贵阳：贵州人民出版社，2000.

[74]［德］恩斯特·马赫．认识与谬误［M］．洪佩郁，译．东方出版社，2005.

[75]［德］马克斯·韦伯．社会科学方法论［M］．韩水法，译．北京：中央编译出版社，1998.

[76]［美］马斯洛．存在心理学探索［M］．李文湉，译．昆明：云南人民出版社，1987.

[77]［美］马斯洛，等．人的潜能和价值［M］．林方，译．北京：华夏出版社，1987.

[78]［美］马斯洛．科学心理学［M］．林方，译．昆明：云南人民出版社，1988.

[79]［美］马斯洛．洞察未来［M］．许金声，译．北京：华夏出版社，2004.

[80]［美］墨菲，柯瓦奇．近代心理学历史导引［M］．林方，等译．上海：商务印书馆，1980.

[81]孟娟．走向人文科学心理学——人本心理学研究方案之研究［D］．长沙：湖南师范大学，2009.

[82]孟娟．思维经济原则与心理学的还原论［J］．湖南文理学院学报（社会科学版），2007，32（4）：30–32.

[83]［美］诺曼·霍兰德．后现代精神分析［M］．潘国庆，译．上海：上海译文出版社，1995.

[84]彭运石．走向生命的巅峰——马斯洛人本心理学［M］．武汉：湖北教育出版社，1999.

[85]彭运石．从“机械主义科学”到“人本主义科学”——马斯洛心理

学方法论探微［J］. 吉林大学大学社会科学学报，1999（2）：70-75.

［86］彭运石. 事实与价值的融合——马斯洛的内在价值论述评［J］. 求索，1999（1）：65-69.

［87］彭运石. 心理学的整合视野［J］. 湖南师范大学教育科学学报，2002（1）：107-112.

［88］彭运石，谢立平. 论主客二分的心理学研究范式［J］. 心理科学，2006，29（3）：763-766.

［89］彭运石，林崇德，车文博. 论主客同一的心理学研究范式［J］. 心理科学，2006，29（1）：143-145.

［90］彭运石. 西方心理学的方法论危机及其超越［J］. 华东师范大学教育科学学报，2006，24（2）：49-58.

［91］彭运石. 人的消解与重构——西方心理学方法论研究［M］. 长沙：湖南教育出版社，2009.

［92］秦金亮. 论西方心理学量化研究的方法学困境［J］. 自然辩证法研究，2001，17（3）：10-14.

［93］［法］让·华尔. 存在主义简史［M］. 马清槐，译. 上海：商务印书馆，1962.

［94］［瑞士］荣格. 未发现的自我［M］. 张敦福，译. 北京：国际文化出版公司，2000.

［95］［美］米切尔，布莱克. 弗洛伊德及其后继者——现代精神分析思想史［M］. 陈祉妍，等译. 上海：商务印书馆，2007.

［96］［美］舒尔茨. 现代心理学史［M］. 杨立能，等译. 北京：人民教育出版社，1981.

［97］沈德灿. 心理学与内省［J］. 心理学报，1986（3）：227-234.

[98] 沈德灿 . 内省的心理学新探——自我观察与心理调适 [J]. 心理学探新，1999，19（4）：3-5，20.

[99] 舒华 . 脑损伤语言认知障碍研究——认知神经心理学研究途径 [J]. 心理科学进展，2008，16（1）：1-3.

[100] [英] 史密斯 . 超越模块性：认知科学的发展观 [M]. 缪小春，译 . 上海：华东师范大学出版社，2001.

[101] 申荷永 . 心理分析：理解与体验 [M]. 上海：生活 · 读书 · 新知三联书店，2004.

[102] 沈学君，等 . 试论认识心灵的三次范式转换 [J]. 福建论坛，2004（2）：67-72.

[103] 宋广文，等 . 人性的复苏、回归与超越——从精神分析心理学到超个人心理学 [J]. 内蒙古师范大学学报（哲学社会科学版），2005，34（6）：82-85.

[104] 孙正聿 . 哲学通论 [M]. 沈阳：辽宁人民出版社，1998.

[105] [美] T.S. 库恩 . 科学革命的结构 [M]. 李宝恒，译 . 上海：上海科学技术出版社，1980.

[106] [荷] 泰奥多 · 德布尔 . 胡塞尔思想的发展 [M]. 李河，译 . 上海：生活 · 读书 · 新知三联书店，1995.

[107] 谈加林，等 . 科学心理学：路在何方——信息加工心理学诞生后的几个基本变化 [J]. 湖南师范大学学报（教育科学版），2002（1）：113-118.

[108] 唐琳娜 . 走向完善的人本主义心理学——启发式方案述评 [D]. 长沙：湖南师范大学，2005.

[109] [美] 托马斯 · 黎黑 . 心理学史 [M]. 李维，译 . 杭州：浙江教育出版社，1998.

［110］［美］W. 考夫曼编 . 存在主义——从陀斯妥也夫斯基到沙特［M］. 陈鼓应，等译 . 上海：商务印书馆，1987.
［111］王启康 . 关于超个人心理学几个主要理论问题的辨析［J］. 华中师范大学学报（人文社会科学版），2002，41（5）：75–81.
［112］王峰 . 社会科学范式与自然科学范式特征的比较研究［J］. 科学技术与辩证法，1996，13（3）：31–35.
［113］王海英 . 论科学主义心理学研究中的还原论倾向［J］. 社会科学战线，2008（9）：252–254.
［114］王天成 . 直觉与逻辑［M］. 长春：长春出版社，2000.
［115］［美］威廉・巴雷特 . 非理性的人——存在主义哲学研究［M］. 段德智，译 . 上海：上海译文出版社，1992.
［116］［美］威廉・詹姆斯 . 实用主义［M］. 陈羽纶，等译 . 上海：商务印书馆，1981.
［117］［美］威廉・詹姆斯 . 心理学原理［M］. 陈平，译 . 北京：中国城市出版社，2003.
［118］［美］希拉里・普特南 . 理性、真理与历史［M］. 童世骏，译 . 上海：上海译文出版社，1997.
［119］徐冬英 . 人性的归魅——主客同一的心理学研究范式研究［D］. 长沙：湖南师范大学，2003.
［120］徐明明 . 论社会科学范式［J］. 自然辩证法研究，1996，12（12）：18–21.
［121］杨鑫辉 . 心理学通史（第四卷）［M］. 济南：山东教育出版社，2000.
［122］杨韶刚 . 存在心理学［M］. 南京：南京师范大学出版社，2000.
［123］杨韶刚 . 超个人心理学［M］. 上海：上海教育出版社，2006.

［124］杨文登，丁道群．“说明”或是“理解”——试论心理学中两种方法论路线之争［J］．宁波大学学报（教育科学版），2008（6）：39–44.

［125］杨文登．论心理学中的还原论［J］．心理学探新，2008，28（2）：7–10.

［126］叶浩生．论心理学的“范式”与“范畴”［J］．南京师范大学学报（社会科学版），1997（2）：67–72.

［127］叶浩生．西方心理学中两种文化的分裂及其整合［J］．心理学报，1998，31（3）：349–356.

［128］叶浩生．有关西方心理学分裂与整合问题的再思考［J］．心理学报，2002，35（4）：431–436.

［129］叶浩生．心理学新进展［M］．上海：上海教育出版社，2006.

［130］叶浩生．客观主义与建构主义：对立及其超越［J］．自然辩证法研究，2007，23（9）：75–79.

［131］郑红．试论心理学研究中科学主义与人文主义的冲突与趋合［J］．江西师范大学学报（哲学社会科学版），1997，30（2）：88–92.

［132］［美］伊格尔斯．二十世纪的历史学：从科学的客观性到后现代的挑战［M］．何兆武，译．沈阳：辽宁教育出版社，2003.

［133］俞吾金．西方哲学史研究中的三个神话［J］．复旦学报（社会科学版），2002（2）：21–30.

［134］余小茅．科学主义心理学：何去何从？——为纪念陈立先生《平话心理科学向何处去》发表十周年而作［J］．心理学探新，2008，28（4）：3–6.

［135］［美］约翰·华生．行为主义［M］．李维，译．杭州：浙江教育出版社，1998.

［136］赵敦华．西方哲学简史［M］．北京：北京大学出版社，2001.

[137] 章士嵘 . 认知科学导论 [M] . 北京：人民出版社，1992.

[138] 张厚粲 . 行为主义心理学 [M] . 杭州：浙江教育出版社，2003.

[139] 张勇 . 西方心理学人文取向的生成与发展研究 [D] . 长春：吉林大学，2007.

[140] 邹诗鹏 . 生存论研究 [M] . 上海：上海人民出版社，2005.

[141] 朱滢，等 . 社会认知神经科学—— 一个很有前途的交叉学科 [J] . 心理与行为研究，2004，2（2）：401–404.

[142] Moore A D. Values， Objectivity， and Relationalism [J] . The Journal of Value Inquiry，2004，38（1）：75–90.

[143] Haynal A，Translated by Elizabeth Holder.Psychoanalysis and The Sciences：Epistemology — History [M] .Oakland，CA：The University of California Press，1993.

[144] Trevor A H. Dose Congnitive Neuropsychology have a future? [J] . Congnitive Neuropsychology，2004， 21（1）：3–16.

[145]Caramazza A，Colthear M. Cognitive Neuropsychology twenty years on[J]. Cognitive Psychology，2006，23（1）：3–12.

[146] Kukla A. Objectivity Revisited [J] .Journal of Penonality and Social Psychology，1984， 47（3）：681–683.

[147] A. Toomela. History of Methodology in Psychology：Starting Point， Not the Goal [J] . Integr Psych Behav， 2007，41（1）：75–82.

[148] Bevan W.Contemporary psychology： A tour inside the onion [J] . American Psychologist， 1991，46（5）：475–483.

[149] Alfonso C，Max C. Cognitive Neuropsychology twenty years on [J] . Congnitive neuropsychology， 2006， 23（1）：3–12.

[150] Tart C T.Future Psychology as a Science of Mind and Spirit： Reflections

on Receiving the Abraham Maslow Award [J] . The Humanistic Psychologist, 2005, 33 (2) : 131–143.

[151] Bidwell D R.Ken Wilber's Transpersonal Psychology: An Introduction and Preliminary Critique [J] . Pastoral Psychology, 1999, 48 (2) : 81–90.

[152] Zahavi D. Transcendental Subjectivity and Metaphysics: A Discussion of David Carr's Paradox of Subjectivity[J]. Human Studies, 2002, 25(1): 103–116.

[153] Gardner H. Scientific psychology: Should we bury it or praise it? [J] . New Ideas in Psychology, 1992, 10 (2) : 179–190.

[154] Hartelius G, Caplan M, Rardin M A.Transpersonal Psychology: Defining the Past, Divining the Future [J] .The Humanistic Psychologist, 2007, 35 (2) : 135–160.

[155] Katona G. On Subjective and Objective Measures [J] . American Psychologist, 1976, 31 (8) : 617.

[156] Alliger G M, P J. Hanges.Objectivity and Science: Reply to Kukla [J] . Journal of Ftnooabjy md Social Plyebc, 1984, 47 (3) : 676–679.

[157] Kendler H H. Psychology and Phenomenology [J] . American Psychologist, 2005, 60 (4) : 318–324.

[158] Davis J.Complementary Research Methods in Humanistic and Transpersonal Psychology: A Case for ethodological Pluralism [J] . The Humanistic Psychologist, 2009, 37 (1) : 4–23.

[159] Kimble G A. Psychology's two cultures [J] .American Psychologist, 1984, 39 (8) : 833–839.

[160] Hwang K K. A philosophical reflection on the epistemology and

methodology of indigenous psychologies [J] . Asian Journal of Social Psychology，2005， 8 （1）：5–17.

[161] Geissler L R.The Objectives of Objective Psychology [J] . The Psychology Review，1929，36（5）：353–374.

[162] Maher B A. Underpinnings of today' s chaotic diversity [J] . International Newsletter of Paradigmatic Psychology. 1985， （1）：17–19.

[163] Hager M G.The Myth of Objectivity [J] .American Psychologist，1982，37（5）：576–579.

[164] Ratcliffe M. Husserl and Nagel on Subjectivity and the Limits of Physical Objectivity [J] . Continental Philosophy Review，2002，35：353 - 377.

[165] Mantzavinos C，Translated by D.Arnold.Naturalistic Hermeneutics [M] . London：Cambridge University Press，2005.

[166] Ochsner K N. Lieberman M D.The Emergence of social Cognitive Neuroscience [J] . American Psychologist，2001，56（9）：717–734.

[167] McDonald P. Naturalistic Metholology in an Emerging ScientificPsychology：Lotze and Fechner in balance [J] . Zygon，2008，43（3）：605–625.

[168] Watson P J. Apologetics and Ethnocentrism：Psychology and Religion Within an Ideological Surround [J] .The International Journal For The Psychology of Religion，1993，3（1）：1–20.

[169] Stenberg R J，Grigorenko E L.Unified Psychology [J] .American Psychologist，2001，56（12）：1069–1079.

[170] Putnam H. Reason，Truth and History [M] . New York：Cambridge University Press，1981.

[171] Belli R, Conrad F G, Wright D B. Cognitive Psychology and Survey Methodology: Nurturing the Continuing Dialogue between Disciplines [J]. Applied Cognitive Psychology, 2007, 21 (2): 141-144.

[172] Yanchar S C, Slife B D. Pursuing Unity in a Fragmented Psychology: Problems and Prospects [J]. Review of General Psychology, 1997, 1 (3): 235-255.

[173] Koch S.The Nature and Limits of Psychological knowledge — lessons of a century qua "Science" [J]. American Psychologist, 1981, 36 (3): 257-269.

[174] Murken S, Shah A A. Naturalistic and Islamic Approaches to Psychology, Psychotherapy, and Religion: Metaphysical Assumptions and Methodology—A Discussion [J]. The International Journal for the Psychology of Religion, 2002, 12 (4): 239-254.

[175] Staats A W. Unified positivism and unification of psychology: Fad or new field? [J]. American Psychologist, 1991, 46 (9): 899-912.

[176] Yanchar S C, Slife B. Pursuing Unity in a Fragmented Psychology: Problems and Prospects [J]. Review of General Psychology, 1997, 1 (3): 235-255.

[177] Xavier S. Toward a Cognitive Neuropsychology [J].International Journal of Psychlogy, 1982, 17 (2/3): 149-156.

[178] Flynn T.Existentialism: A Very Short Introduction [M].New York: Oxford University Press, 2006.

[179] Turner W S. Can psychology be made wholly objective? [J]. American Psychologist, 1961, 16 (3): 142.

[180] Giuseppe V.The 2003 status of Congnitive Neuropsychology [J]. Congnitive neuropsychology, 2004, 21(1): 45–49.

[181] Watson R I. Psychology: A prescriptive science [J]. American Psychologist, 1967, 22(5): 435–443.

[182] Dilthey W. Descriptive psychology and Historical understanding [M]. Martinus Nijhoff: The hague press, 1977.

[183] Stephenson W. Q Methodology and Newton's Fifth Rule [J].American Psychology, 1979, 34(4): 357.

[184] Seron X.Introduciton: Toward a Cognitive Neuropyscholoyg [J]. International Journal of Psychology, 1982, (17): 149–156.

[185] Menahem Y B.Hilary Putnam: Contemporary Philosophy in Focus [M]. Oakland CA: Cambridge University Press, 2005.

附录 1

超越主观与客观的二分法
——普特南哲学的心理学方法论蕴意

摘　要：如何以客观实证的方法去解构带有主观性的心灵，实现对主观与客观二分法的超越，是长期以来心理学方法论研究面临的难题之一。希拉里·普特南是当代美国著名哲学家和逻辑学家，实在论主要代表人物，他提出面向人的生活世界的自然实在论观点，试图超越主观与客观的对立。本文从三个方面剖析了普特南的思想对心理学方法论研究的启示：心理学的对象：回到人的生活世界；心理学的知识：合理的可接受性；心理学研究原则：从"旁观者"到"当事人"。

关键词：主观与客观；普特南哲学；心理学

希拉里·普特南（Hilaryputnam，1926—）是当代美国著名哲学家和逻辑学家，实在论主要代表人物。他的实在论思想先后经历三个阶段：科学实在论、内在实在论和自然实在论。他认为对事实与价值的众多的二分法长期束缚了哲学家和非哲学家的头脑，而这些二分法中最典型的是有关真理与理性的主观法和客观法，这是造成真理的符合论与相对主义对立的根源。普特南提出面向人的生活世界的自然实在论观点，试图超越主观与客观的对立，在符合论与相对主义之间走出一条中间道路，在当代科学哲学中独树一帜。本文立足于心理学方法论的角度，在系统梳理了心理学中不同取向的心理学及其在主观与客观问题上各自见解的基础上，从心理学研究的视野与对象、知识观、研究原则与研究方法几个方面深入剖析了普特南内在论哲学对于超越心理学中主观与客观二元分立思想所具有的心理学蕴意。

一、心理学的对象：回到人的生活世界

主观与客观的二分法决非哲学所独有，从心理学脱离哲学，成为一门独立的科学开始，主观与客观的关系问题就成为心理学家在确立研究对象、研究方法和知识解释框架前必然面对的基本前提，如何以客观无私的自然科学的研究方法剖析带有主观性的心灵，成为心理学研究的一个重大难题。正是基于对这一问题的不同回答，形成了强调自然科学定向和实证研究方法的科学主义心理学，继承哲学心理学传统，强调人文科学取向的人文科学心理学以及反对科学主义心理学，号称怎么都行的后现代心理学。这其中，科学主义心理学始终占据着心理学的主导地位，其典型特征是照搬自然科学的研究模式，以基础主义和本质主义为前提，遵循实证主义和还原论的研究路线，把人“物化”“静态化”。在本体论上，将心理学所研究的人看作是与动物、机器一样的自然物，看作是超越了历史、超越了时空的静止物。对人的这种处理，保证了科学主义心理学研究的客观性，使心理学迅猛成长，在学科地位的确立、心理学的应用等方面都取得了辉煌的成绩，同时也确确实实地揭示了人作为自然界一物所具有的特征。但是，对人的异化处理，割裂了人与世界的联系，也就不可避免地造成了事实与价值的分离，主观与客观的对立。人的社会性、历史性和个体性被抹杀了。正是对人的不完整的把握，导致科学主义心理学面临科学性的质疑以及学

科分化的危机。重新确立人与世界的关系，心灵与世界的关系，塑造人的完整形象，成为心理学的迫切任务。

鉴于科学主义心理学的弊端，一部分心理学家开始反思人在心理学中应有的地位，一种强调人与非人的动物和机器之区别，重视人的个体性、目的性、价值性、社会性、历史性等人之为人的基本特点，强调以被科学主义心理学所忽视的心理学主题为研究对象，重视主观方法之价值的心理学研究取向逐渐形成，即人文科学心理学。人文科学心理学是对科学主义心理学有力的补充，但它却将心理学的人文科学定向与自然科学定向对立起来，从根本上抛弃了心理学的自然科学定向的研究课题、立场、方法、知识尺度。最根本的是，人文科学心理学忽略了人与自然之间的连续性，在高扬人的主体性、主观性的同时，将人作为自然物的客体性和客观性抛至脑后。对人的这种认识，也是以主观与客观的对立为前提的。所幸的是，在反对科学主义心理学的背景下出现的后现代心理学，并未陷入主观与客观对立的非此即彼的困境之中。后现代心理学旨在消解科学主义心理学的理论基石：基础主义与本质主义，探讨后现代话语对心理学的适用性，分析和审视心理学在后现代思潮的影响下所应有的姿态和行动，其主旨是取向多维、方法多元、立场多重、观点多样，怎样都行。[1]对于拓展心理学的研究视野，研究方法的多元化和研究的应用性与大众化，后现代取向的心理学无疑是有益的，但是完全否定心理学研究的客观性，却使其陷入了相对主义。

可以说，这几种取向的心理学各有所长，但在对人的本质、人与世界的关系的认识上，却是以主观与客观的对立为前提的，这样，其眼中的人，是与世界割裂开来的，其所把握的人的特性也只能是片面的。科学主义心理学把人当作“物”，窥见的只有人的自然性，人文科学心理学突出人作为人自身的特点，却是以否弃人的自然性为代价，后现代心理学主张怎么都行，回避了对人的本质的探究。如此种种，均无法达成对人的本质的全面把握。

普特南以超越符合论和相对主义为目标，从根本上讲，就是要超越主观与客观的对立，他提出“以合理的可接受性”作为知识评判标准的内在实在论观点，将真理看作是“合理的可接受性”，表面上，主观与客观的对立在知识论领域似乎已经解决，但内在实在论却并不成功，其根本问题在于，在我们和世界之间仍然存在着一个“分界面”。内在实在论的困境使普特南认识到清除我们与世界之间的“分界面”的必要性。后期，他提出自然实在论，将人的心灵看作一种受社会历史文化影响的能力系统，强调回归人的生活世界，并重提真理的符合论，不过，这里的符合不再是认识与形而上的实在的符合，而是与我们的生活的实在的符合。

以普特南的这一转变来关照心理学的研究，我们发现，主流心理学长期以来为科学主义心理学所把持，确立的乃是将人看作自然的一部分的科学本质观，心理学研究的对象是从生活世界中剥离出来的、超越时空的人。正是这样一种认识，导致了心理学的研究是高高在上的，远离人的生活现实的。正因如此，心理学面临其科学地位受到质疑的危机，这种危机与危机感，并不是存在于某一时期的偶然现象，而是形影不离地渗透于心理学的全部历史。[2]要使心理学回归现实，回归人的现实生活，走出危机，就必须实现心理学研究对象的转换，而心理学研究对象的转换，同样离不开我们与世界的“分界线”的打破。在普特南看来，我们与世界之间的“分界线”，即是我们认识能够达到的界限，在“分界面”之内，是我之心灵，而“分界面”之外，则是外界的客观世界。这一“分界面”的存在，标示着主体与客体的分离，事实与价值的割裂，理性与非理性的对立。体现在心理学研究中，则是人的心灵与世界的分裂，这种分裂，造成心理学研究对象上“非此即彼”的思维方式。本应统一的人的各个本性，在这种思维方式下，成为互相对立的两面。很显然，要打破这种“非此即彼”的思维方式，确立心理学完整统一的研究对象，就必须打破心灵与世界的“分界线”。

打破心灵与世界的“分界线”，首先必须破除“心灵实体说”，即将心灵看作一种独立于世界的精神实体，转而主张“心灵功能说”，心灵既不是一种物质的也不是一种非物质的器官，而是一种由多种能力构成的系统，[3]是人在和世界的交互作用中逐渐形成的。其次，要破除的是传统形而上学实在论的假设：世界是独立于心灵的，即自在世界的存在。普特南指出，世界是融合了人的存在的意义世界，是与概念融合在一起的，世界就是概念的世界，而概念也只有在世界中才有意义。很显然，一旦我们与世界融为一体，作为世界的一部分，来认识世界的时候，心理学所研究的也就不再是具有形而上的抽象的人，而是存在于一定历史时空的人，是现实的带有文化环境烙印的人。心理学研究的最终要达到的，也就不再是心灵与世界的符合，而是心灵与世界的融合。唯有如此，才能真正展现人之为人的全部特征。

二、心理学的知识：合理的可接受性

在心理学的知识问题上，有符合论、融贯论、实用论等多种真理观，科学主义心理学内涵了符合论的真理观，人文科学心理学家大多坚持融贯论真理观，部分则与后现代取向的心理学家一致，倒向相对主义。关于心理学知识的这种分歧，归根结底，在于什么是真理，真理的定义和判定真理的标准以及心理学知识的性质等的不同见解。

科学主义心理学奉行符合论的真理观，将人的心灵看作独立于外界事物的实体，将心理学的任务确定为获得对于心理实体的无偏描述；心理学的知识只有与事实相符合才为真，才是客观的可信的。而要获得知识或者真理，又必须以客观的观察和实验为基础，理论命题必须由观察或实验加以证实或者证伪才是有意义的。要进行客观的观察和实验，研究者就必须始终站在一个旁观者的位置，他必须保持价值中立、感情超脱，必须“无私”地、不带任何先入之见地对研究对象进行观察和实验。价值中立，感情超脱的研究立场、冷静严密，严格按照操作程序进行的观察与实验、客观公正，不带先入之见的结果解释便构成了科学主义心理学研究必不可少的几个步骤。遵循符合论的路线，科学主义心理学对于探讨人之本性，确立心理学的学科地位以及服务于现实生活方面都有着巨大贡献，然而，正如普特南所批判的那样，符合论的根本错误在于把心灵与世界隔离开来，在事实与价值之间划上一道鸿沟，这就注定了科学主义心理学面临必然面临客观主义与方法中心论的质疑、机械主义和生物主义的批评，以及今日之心理学的合法性危机。

符合论真理观也受到来自人文科学心理学家的批评，人本主义心理学家马斯洛就曾经明确提出以“道家的客观”取代“科学的客观”，认为科学研究不可能有纯之又纯的客观性，事实与价值总是联系在一起的。罗杰斯也对科学主义学中盛行的客观主义进行了批评，强调心理学的知识应人际“你—我”知识，是主体与客体的统一。我们发现，尽管对于什么是客观性，他们与科学主义心理学家不一致，但是，在心理学知识可以获得客观性这一问题上，却是一致的。部分人文科学心理学家却站在了相对主义阵营中，与后现代心理学家一起，坚持相对主义的真理观。在他们看来，科学主义心理学知识绝非唯一合法或可能的体系，心理学的知识不过是特定的科学家群体对特定的历史文化环境中的心理与行为进行研究的特定结果，真理或合理性不过是个人或团体的真理或合理性。其基本特点就是主观性和个体性，没有一劳永逸的知识，也没有绝对的、不变的标准。在顺应时代潮流，积极找寻心理学的发展之路，提出与科学主义心理学迥异的心理学体系方面，这种观点显然有积极意义和启示价值。但建基于相对主义的真理观，矫枉过正，否认一切客观知识的存在，便就不可避免地面临着反基础主义、反客观主义所带来的无序化与失范化的状态，而这种反叛本身，也违背了费耶阿本德“怎么都行”的本意和初衷，正如普特南所言，是自相矛盾、经不住逻辑分析的。

既然符合论和相对主义都是站不住脚的，那么，心理学究竟如何为自己的知识立法？依照普特南的说法，最可靠的就是抛弃传统的真理定义，以“理想的合理的可接受性”作为真理的含义，而这样，似乎更贴切于心理学的实际。所谓“合理的可接受性”，就是把“真理”和“合理性”这两个概念结合了起来。他说，在真理概念和合理性概念之间有着密切的联系。粗略来说，用以判断什么是事实的唯一标准就是什么能合理地加以接受。[4]如果一个陈述被人们认为是有理由接受的，即接受这个陈述被人们认为是合理的，那么这个陈述就具有“合理的可接受性”。在普特南看来，如果一个陈述是真的，那么一定具有合理的可接受性。[5]所谓事实，也就是可合理的接受的东西。

在对合理性的范围的探讨上，普特南不同于逻辑实证主义在科学的事实领域谈论合理性，他把合理性的概念扩充到所谓的价值领域。一方面，用以判断科学陈述客观性的标准，也是一种价值，另一方面，价值也并非完全主观的，价值判断也是具有客观性的。从普特南的论述中，不难看出一种实用主义的倾向。既然心灵与世界不是截然分裂的，而是融通的，那么对于什么是真理的判定，就不再是心灵对世界的符合。心灵与世界的关系是融通的，心灵对世界的把握也将是多维的，多维的却不等同于相对的。唯其如此，判定这种把握为真的依据只能来自于人和世界的关系以及这种关系对于人和世界的价值。心理学研究所要建构的，也应是关切人的生存、人的生活以及人与世界交融的知识体系。[6]

三、心理学研究原则：从“旁观者”到“当事人”

一旦打破了心灵与世界的“分界线”，确立了以回归生活世界的活生生的人为研究对象，并着眼于与人的生活世界密切关联的知识体系的建构，那么，心理学在研究方法上，也就必然要实现从事实与价值分离到事实与价值的融合，即“旁观者”到“当事人”的转变。

前已述及，人文科学心理学与后现代心理学就心理学的研究对象与知识建构提出了与科学主义心理学完全不同并独树一帜的理论观点，但是，它们却均处于心理学的非主流地位，占据心理学主流地位的则是科学主义心理学。在研究原则上，科学主义心理学实际上是一种“旁观者”的心理学，即认为作为认识主体的“我”与世界是分割开的，是彼此独立的，认识主体与认识对象也是互相独立的，在人的完整形象的塑造上，科学主义心理学得出的只能是超越时空的人的形象，人也就毫无悬念地被当成是与机器和动物无异的自然物。显然，它是以主观与客观的对立、事实与价值的分离为研究前提的。然而，心理学研究能否脱离价值，达到纯而又纯的客观性呢？

普特南给出了否定的答案。在他看来，真理与价值无涉的说法是在真理的形式意义上而言的，而实际情况是，判断一命题是否符合事实，是与作出这一判断是否合理是一回事，因为持有不同立场的人可能会对同一命题有相同的判断。而要确定命题是否为“真”，就必须了解其是否合理。他发现，不同文化中有不同的合理性标准。合理性与融贯性、简单性、工具效用性等密切相关，故是和价值融为一体的。并且，事实也并不能脱离文化而存在。他特别指出，事实描述是负荷了价值的，价值判断也包含了事实内容。当某人被描述为残忍的、虚荣的、嫉妒的或者其他你想到的特征时，这种描述无可挑剔，也就是说，这是一个纯粹的事实报告。[7]一个文化的贴切标准以及与其相关的合理的可接受性标准，是事实得以成立的前提，也是客观性的前提。[8]而逻辑实证主义者如卡尔纳普对语言功能的二分法，在普特南看来也是不能成立的，因为许多描述性的词汇也包含了情感价值在里面。

这样，从严格的物理科学到人文科学，一切科学研究都不可能也不能脱离价值。对心理学而言，研究的对象是人，从事研究活动的也是人，而人是有着欲求、动机和情感的动物。所以，一方面，任何研究都可以看作是心理学家个人的活动。首先，心理学家不会从事毫无价值可言的事业，心理学的生命力正是在于其对现实生活的价值；其次，心理学家从事科学研究的过程中，个人的态度和价值观也会不由自主地渗透到手头的研究工作中去；最后，在心理学研究的过程中，始终贯穿着选择的问题，而每一次的选择，都与心理学家个人的价值观紧密相连。另一方面，心理学研究不能抛开价值。心理学家在从事科学研究的过程中，必须思考当前的研究对于人类所具有的意义。无视价值的研究，只是一种工具，可以为好人也可为恶棍所用，成为一个优秀的科学家与成为一个罪犯也是不矛盾的。

既然心理学研究同样是事实与价值的融合、主体与客体的统一，那么，心理学在研究方法上就实现了从价值无涉的“旁观者”到价值投入的“当事人”的转变，这正如马斯洛所言，“假如你想了解鸭子，你最好是向鸭子提问，而不是告诉鸭子什么。”[9]

简而言之，实现心理学从研究对象、知识观到研究原则的转变，归根结底，是要实现心理学的研究视野从二歧到整合的转变。确切地讲，就是要超越主观与客观的二歧对立，破除事实与价值、逻辑与直觉、理性与非理型之间的分野。普特南在看到主观与客观二分的思维方式所带来的弊端之后，立足于内在实在论，力图走出不同于符合论和相对主义的中间道路，在努力的方向与目标上，与部分心理学家的思想不谋而合。通过对心灵与世界的关系的独特解读，普特南成功消解了传统的“心灵实体说”以及心灵与世界彼此独立的观点，从而消解了主观与客观的对立。对于心理学而言，当心灵与世界彼此建构，互相影响的时候，主观与客观的二歧对立不复存在的时候，心理学的研究便不再有科学的或者人文的分野，可以说，彻底的科学主义和彻底的人文主义的追求是一致的，即在人与世界的关系中，把握人之为人的独特本性。从二歧到整合的思维方式的转变，也必然为未来心理学的发展展示出一幅更亮丽的图画。

尽管普特南的内在实在论为心理学超越主观与客观的对立，实现心理学方法论的整合有着诸多的启示，但是，我们也必须认识到，普特南的思想面临着许多困难，如他为消融主观与客观的对立而扩展了洛克哲学、主观化康德哲学，对符合论与相对主义真理观的几点概括也颇受争议，对于真理即理想化的可接受性的思想也有许多模糊之处等。而在真理问题上虽有主观与客观的二元分割，但并非普特南所设想的那样泾渭分明。显然，要实现心理学方法论的整合，确立与人的本性相适应的方法论体系，还有很长的路要走。

参考文献

[1] 高峰强. 后现代心理学的理论与实践[R]. 华东师范大学博士后出站报告，2004：2.

[2] 高申春. 范式论心理学史批判[J]. 自然辩证法研究，2005，9：30.

[3] Putnam H. Words and Life [M] .Canbridge，MA：Harvard University Press，1994：292.

[4][5][美]希拉里·普特南. 理性、真理与历史[M]. 童世骏，等译. 上海：上海译文出版社，1997：2.

[6] 冯永辉，等. 心理学知识观的重构：超越符合论与相对主义——普特

南内在实在论哲学的启示[J].宁波大学学报(教育科学版),2010(4):47-50.

[7] Menahem Y B. Hilary Putnam：Contemporary Philosophy in Focus [M]. Cambridge:Cambridge University Press，2005：14.

[8] 陈亚军.论普特南对事实/价值、科学/伦理学二元分割的否定[J].学术月刊，2000（12）:17.

[9] [美]马斯洛.人性能达的境界[M].林方，译.昆明：云南人民出版社，1987：20.

Beyond The Opposition Between Subjective and Objective
——A Inspiration to Psychology From Putnam's Philosophy

Abstract: It is a difficult problem to the study of psychology methodology that how to reveal the objective mind by purely objective method and beyond the opposition between subjective and objective. Hilary Putnam is a famous philosopher and logician, one of important represent of realism in today's America. He suggest the nature realism that face man's life world and try to beyond the opposition between subjective and objective. The article analyze the inspiration of Putnam's Philosophy to psychology methodology. ① The object of psychology: back to human's life world. ② The knowledge of psychology: rational acceptability. ③ The principle of psychology: from "bystander" to "parties".

Key Words: Subjective and Objective; Putnam's Philosophy; Psychology

附录 2

心理学知识观的重构：超越符合论与相对主义

摘　要：主客观问题是关系到心理学发展的重大理论问题，如何以客观无私的方法去解构带有主观性的心灵，是心理学家们面临的难题之一。对这一问题的回答，形成了心理学中两种不同的研究取向：奉行符合论真理观的科学主义心理学和奉行相对主义真理观的后现代心理学。基于普特南内在实在论哲学的立场上，分析了两种真理观的内涵、表现及其是非功过，并重点阐释了普特南哲学对于心理知识观重构的启示。

关键词：心理学知识观；符合论；相对主义；合理的可接受性

主客观问题是哲学中的一个基本问题，也是关乎哲学发展的重大问题之一。哲学史上的诸多对立的范畴无不源于对主客观问题的不同理解。正如著名哲学家艾耶尔所说："哲学的进步又在哪里呢？我认为，要找出答案就不应把重点放在一批杰出人物对这一学科所做的贡献上，而要格外关心一批循环呈现问题的演变，这些问题中最主要的也许就是客观性问题，它有时表现为实在论者与唯心论者分野的根据，有时表现为绝对真理说和相对真理说的争论点。"[1]

主客观问题也是关系到心理学发展的重大问题，如何以客观无私的方法去解构带有主观性的心灵，是心理学家们面临的难题之一。对这一问题的回答，形成了心理学中两种不同的研究取向：科学主义心理学与后现代心理学。前者奉行符合论真理观，而后者则倒向相对主义。在真理观上的巨大差异，使得两种不同的心理学之间在众多本该统一的方面对立起来，从而也影响了当代心理学的健康发展，因此，超越符合论与相对主义真理观的对立，重构心理学真理观成为心理学方法论研究的一个重要问题。

希拉里·普特南（Hilaryputnam）是当代美国著名哲学家和逻辑学家，实在论的主要代表人物。在他看来，符合论真理观与相对主义真理观的对立，乃是缘于主客二分的思维方式。一旦承认主观与客观的二分法，主观与客观便被视为一种意识形态标签，当今许多哲学家认为，一陈述为真，仅当该陈述“符合（独立于心灵的）事实”，而另一些哲学家则提出一种相对主义和主观的观点，否认真理的客观性，将一切思想体系和观点都看作完全是主观的。他提出以“合理的可接受性”作为评判科学知识的标准，试图超越主观与客观的对立，在符合论与相对主义的真理观之间走出一条中间道路。

本文阐释了普特南对符合论和相对主义的批判并以此关照心理学的研究，分析了科学主义心理学与后现代心理学的真理观及其不足，重点讨论了普特南“合理的可接受性”观点对重构心理学真理观的启示。

一、“上帝的眼光”——符合论真理观

符合论真理观是从命题与客观事实的关系来定义真理的，它认为认识、信念、判断、语句等是否与实在、事实、事物、对象等相符合，是判断真理的标准。凡是与客观事实相符合的命题就是真理，反之，就是谬论。

依据符合论的观点，我们的世界是由一些不依赖于人的心灵的对象所独立构成的。真理就是我们的语词或思想符号与这些对象的符合关系。这

种符合只能有一种可能性，因此真理也只能够是唯一的。在普特南看来，康德以前所有的和当今大多数的哲学家都持这种符合论的观点。

心理学独立之初，确立的乃是科学主义的研究取向。从总体上看，科学主义心理学是一种试图使心理学成为自然科学家族一员而努力。它把近代自然科学特别是物理学看作知识、真理的唯一合理形式，全面接受近代自然科学的世界观、科学观与方法论，试图以之为基准研究人的心理与行为，使心理学得以跻身成熟的自然科学之列。[2]在真理观上，科学主义心理学奉行的是符合论的真理观。其典型特征是以基础主义和物理主义为基石，将人的心理看作独立于外界事物的实体，世界也独立于心理而存在，心理学的任务就是要获得对于心理实体的无偏描述，心理学的知识只有与事实相符合才为真，才是客观的。站在这样一个立场，要获得知识或者真理，必须以客观的观察和实验为基础，理论命题必须由观察或实验加以证实或者证伪才是有意义的。而要进行客观的观察和实验，研究者就必须始终站在一个旁观者的位置，他必须保持价值中立、感情超脱，必须“无私”的、不带任何先入之见地对研究对象进行观察和实验。

价值中立，感情超脱的研究立场、冷静严密，严格按照操作程序进行的观察与实验、客观公正，不带先入之见的结果解释便构成了科学主义心理学研究必不可少的几个步骤。

奉行符合论的真理观，科学主义心理学占据了心理学的主流地位，对于探讨人之本性，确立心理学的学科地位以及服务于现实生活方面都有着巨大贡献，但是，符合论真理观却是不成立的，因为它预设了一种“上帝的眼光”，把真理看成是同观察者完全无关的。普特南借用“钵中之脑”的比喻分析为什么符合论是站不住脚的。他指出，坚持符合论真理观，即是把世界看作独立于心灵而存在的，那么就必然有存在着脱离我们语言的指称的实在，思想也就没有外在的对象。依此，我们就可以设想：我们不过是一些营养钵中的大脑，我们借语言所谈论的不过是一些并不存在的幻觉。这是真是假？一旦要回答这一问题，这个设想就自相矛盾了，因为任何确实是钵中之脑的人都无法思考自己是不是钵中之脑。这样，我们的心灵是指向世界的，而思想也必有其外在对象。

由此可见，坚持符合论，即将心灵与世界隔离开来，在事实与价值之间划上一道鸿沟。科学主义心理学在突出人的自然性与人的存在的客观性的同时，忽略了人的社会历史性与人的存在的主观性，在强调对人的“物”性研究的同时，丢弃了对人的价值的关注，是以“上帝的眼光”来看待人，确立的是高高在上的脱离人的现实的“神”学真理，这也就注定了科学主义心理学必然面临客观主义与方法中心论的质疑、机械主义和生物主义的批评，以及今日主流心理学四分五裂的危机。

二、“怎么都行”——相对主义真理观

如果说符合论真理观将心灵与世界割裂开来，是以“上帝的眼光”来看待实在，以期获得一劳永逸的知识，走入了形而上学实在论的极端，那么，相对主义真理观则走向了另一个极端。相对主义真理观将一切知识和观点都看作主观的和相对的，认为客观性概念是虚构的，所谓真理也只是相对于不同的个人与团体而言的，没有绝对的、不变的真理标准。用费耶阿本德的话来说，即“怎么都行”。[3]

后现代心理学是在后现代文化思潮的冲击和现代心理学陷入“合法性”危机的情境中，萌生和发展起来的一种探讨处于后现代境遇中人的心理与行为机制的当代西方心理学研究新趋势、新视野与新范式。[4]与科学主义心理学以基础主义和物理主义为基础不同，后现代心理学以反基础主义和反物理主义的身份出现，否定客观的存在，认为不存在超越时空的客观知识。它批评科学主义心理学用现象的不变性和恒常性来解释现象，认为

一个真正客观的、舍弃一切主观性的世界是无法进行观察的，因而心理学研究没有客观性可言。其主要特征是反主体性、反普遍性和反统一性、不确定性和内在性，强调社会、文化和历史因素对心理与行为的影响，主张多元思维、多种方法并用，倡导整体论，建构论等。在真理观上，反对客观普适性的真理，坚持的乃是相对主义真理观。

奉行相对主义的真理观，后现代心理学家们清醒地认识到科学主义心理学知识绝非唯一合法或可能的体系，心理学的知识不过是特定的科学家群体对特定的历史文化环境中的心理与行为进行研究的特定结果，真理或合理性不过是个人或团体的真理或合理性。

其基本特点就是主观性和个体性，没有一劳永逸的知识，也没有绝对的、不变的标准。在顺应时代潮流，积极找寻心理学的发展之路等方面，后现代心理学有积极意义和启示价值。但矫枉过正，建基于相对主义的真理观，否认一切客观的存在，就不可避免地面临着反基础主义、反客观主义所带来的无序化与失范化的状态，而这种反叛本身，也违背了费耶阿本德“怎么都行”的本意和初衷。正如普特南所言，相对主义号称一切都是主观的、相对的，然而对于“一切都是主观的，相对的”这一论点无疑是确定的，绝对的。在坚持一个观点的同时却又说没有观点能够坚持，这是自相矛盾的。一个彻底的绝对主义者是无法区分“是对的”和“我认为是对的”，一旦承认“我认为是对的”，他就不是一个相对主义者了。[5]显然，相对主义真理观是站不住脚的，这也就决定了后现代心理学的非主流地位。

三、“合理的可接受性”——心理学知识观的重构

既然符合论和相对主义都是站不住脚的，那么，心理学究竟如何为自己的知识立法呢？依照普特南的说法，最可靠的就是坚持内在论，这样既能确定真理以及真理的标准，摆脱相对主义，又能通过确立多种理论和真

理以及真理标准的可变性，避免符合论的道路。抛弃传统的真理定义。

在他看来，在真理概念和合理性概念之间有着密切的联系。粗略来说，用以判断什么是事实的唯一标准就是什么能合理地加以接受。[5]如果一个陈述被人们认为是有理由接受的，即接受这个陈述被人们认为是合理的，那么这个陈述就具有“合理的可接受性”。[5]所谓事实，就是可合理的接受的东西。但是，究竟什么是合理性呢？普特南没有明确的表述。在他看来，符合论的错误在于将合理性限定在精密科学领域，而相对主义的错误是混淆了概念和观念，否认不同的合理性观念之间的比较，两者均不可取。从内在实在论的角度来看，合理性并非一系列不变的“原则”或“标准”，并且，也根本不存在这样的“原则”或“标准”。这就是为什么一个陈述可能一时是合理地可接受的，却并不为真，真理只能是“理想的合理的可接受性”。这就如同物理学中的无摩擦平面，虽然无法达到，但却可以无限地接近。

在对合理性的范围的探讨上，普特南不同于逻辑实证主义在科学的事实领域谈论合理性，他把合理性的概念扩充到所谓的价值领域。普特南发现，不同文化中有不同的合理性标准。合理性与融贯性、简单性、工具效用性等密切相关，故是和价值融为一体的。他特别指出，事实描述是负荷了价值的，价值判断也包含了事实内容。当某人被描述为残忍的、虚荣的、嫉妒的或者其他你想到的特征时，这种描述无可挑剔，也就是说，这是一个纯粹的事实报告。[6]一方面，用以判断科学陈述客观性的标准，也是一种价值，另一方面，价值也并非完全主观的，价值判断也是具有客观性的。真理极大地依赖于眼下被称之为“价值”的东西。[5]通过将合理性概念从事实领域拓展到价值领域，科学的“真”与人文的“善”便被联系起来，事实与价值非此即彼的二分法自然而然地被消融了。

从普特南的论述中，不难看出一种实用主义的倾向。既然心灵与世界不是截然分裂的，而是融通的，那么对于什么是真理的判定，就不再是心灵对世界的符合。心灵与世界的关系是融通的，心灵对世界的把握也将是多维的，多维的却不等同于相对的。唯有如此，判定这种把握为真的依据只能来自于人和世界的关系以及这种关系对于人和世界的价值。在这样的理论框架下，心理学研究所要建构的，也应是关切人的生存、人的生活以及人与世界交融的知识体系，心理学的研究对象应是涵盖了人的自然属性与社会历史属性、个体性与整体性的“否定的统一体”，各种适合于人的研究的方法论均应有其合理存在的范围，心理学的未来也将呈现出纲领统一、形态各异的多维画卷。

总之，普特南为超越有关真理与理性的主观论与客观论的二分法所提出的内在实在论哲学思想，不仅在理论旨趣上与当前心理学相同，而且在具体观点上为心理学知识论的重构提供了诸多启示。但是，我们也必须清醒地看到，普特南的内在实在论哲学面临着许多困难，例如，他为消融主观与客观的对立而扩展了洛克哲学、主观化康德哲学，对符合论与相对主义真理观的几点概括也颇受争议，对于真理即理想化的可接受性的思想也有许多模糊之处等。在真理问题上虽有主观与客观的二元分割，但并非普特南所设想的那样泾渭分明。

从认识论角度讲，真理问题即思想能够客观地把握规律的问题，而思想的客观性，又是以人类的实践活动及其历史发展为源泉的，实践活动的无限展开，使得真理也成为一个不断展开的发展性问题，有待于不断地追寻与反思。

参考文献

[1]［英］艾耶尔．二十世纪哲学［M］．李步楼，译．上海：上海译文出版社，2005：3.

[2] 彭运石 . 人的消解与重构——西方心理学方法论研究 [M] . 长沙：湖南教育出版社，2009：202.

[3] [美] 波林 · 罗斯诺 . 后现代主义与社会科学 [M] . 张国清，译 . 上海：上海译文出版社，1998：21.

[4] 高峰强 . 后现代心理学的理论与实践 [D] . 上海：华东师范大学，2004：2.

[5] [美] 希拉里 · 普特南 . 理性、真理与历史 [M] . 童世骏，译 . 上海：上海译文出版社，2005.

[6] Menahem Y B. Hilary Putnam：Contemporary Philosophy in focus [M] . Cambridge: Cambridge University Press，2005：14.

Reconstruction of the Concept of Psychological Knowledge beyond the Correspondence Theory of Truth and Relativism

Abstract: Objective and subjective approaches are of major theoretical concerns in the realm of psychology. The objective deconstruction of the subjective mind is a hard nut for psychologists, who probe into the issue in two divergent perspectives, namely, the scientific psychology with the correspondence theory of truth and the post-modern psychology with relativist theory of Truth. The article, based on Putnam's internal realism, aims to analyze the implication, performance and merits of the two views of truth with an emphasis on the enlistment of Putnam' s philosophy of reconstructing the concept of psychology knowledge.

Key words: psychological knowledge; correspondence theory of truth; relativism; reasonable acceptability

附录 3

从单线到多维——西方心理学史研究新视角

摘　要：当代西方心理学史是以传统实证史观的视角、以科学主义心理学的形成与发展为主线的单线史，后现代史观对西方心理系史的研究和编撰提出了新的要求。本文辩证分析了两种史观对心理学史研究和编撰的意义与价值，以及从科学与人文并举、内部与外部结合、“旧史”与“新史”统一的多维视角出发，构建完整的西方心理学史的必要性与可能性。

关键词：心理学史；科学主义心理学；客观性；后现代主义

西方心理学以科学的形态出现至今已有一百多年的历史，先后呈现出两种不同的研究取向：科学主义心理学与人文科学心理学。[1][2][3][4] 20 世纪中叶，随着后现代思潮的涌起，又出现了后现代心理学[5][6]。伴随着心理学科的蓬勃发展，有关西方心理学史的研究也是枝繁叶茂，经典层出。这本是令心理学史工作者欢欣鼓舞的事情，然而，翻开西方心理学史研究的著作，不论是 20 世纪 60 年代以前的还是之后的，有关西方心理学史的著述却基本上是围绕着科学主义心理学的发展而展开的，对于人文科学心理学和后现代心理学历史的研究，仅是作为西方心理学史完整性的一个点缀，缺少深入而全面的分析。西方心理学史实质上也就成为了单线史。西方心理学史的单线性，缘于心理学对自然科学客观性的追求，反映了心理学跻身于范式科学的诸多努力之历程，本是无可厚非的。但后现代主义思潮对史学研究的冲击也波及到了学科史领域，心理学历史的客观性也随之受到质疑。究竟西方心理学史有无客观性，西方心理学史的研究与编撰应遵循什么样的原则，如何才能完整地展现西方心理学的发展历史，便成为心理学史研究与编撰工作不得不首先面对的理论前提。因而，比较两种不同的历史观对于心理学史研究与编撰的意义，并以辩证唯物主义史观为框架，探讨心理学史研究的多维视角，是本文的出发点也是其价值所在。

一、心理学史研究的单线性及其根源

西方心理学史的单线性，主要反映西方心理学史的研究与编撰工作仅仅围绕科学主义心理学的形成与发展而展开的。西方心理学史研究的经典著作《实验心理学史》（波林著，商务印书馆），从其命名上便可获知，它所要记述的便是科学主义心理学的历史。科学主义心理学本质上是一种视人为自然界的组成部分，主张以研究自然物的方式来研究人的心理学，强调对人的心理与行为的客观研究范式，实证主义是其哲学基础。反映在心理学史研究中，即符合实证要求，效仿自然科学研究的心理学家和心理学流派得到更多的表述与解读，与之相左的其他心理学家和思想观点却未得到同样重视。比较典型的事件是当代读者可以清晰地了解科学主义心理学也是主流心理学的发展历程，即经过从古希腊罗马时期直到 19 世纪中叶漫长的积淀与酝酿，心理学最终以实验科学的面目得以独立，并在客观化的推动下不断发展。构造主义与机能主义是内容心理学与意动心理学对立的延续，而行为主义则是机能主义心理学的必然结果，且在新三论以及计算机科学的基础上，行为主义最终被信息加工心理学取代，后认知主义又被新联结主义更新等。但是，被广泛认可的人文科学心理学，也有着同样深远的历史线索，在当代心理学史著作中，却无法窥见其完整的发展历程。

此外，心理学的本土化运动，特别是我国文化背景下的心理学研究中，也未曾摆脱上述单线性的倾向。一方面，众多的学者毫不犹豫地将西方心理学的实证方法和研究技术运用于本土人群而得出结论，研究过程本身具有单线性和片面性。另一方面，在对本国的心理学思想的整理中，也存在着照搬西方科学主义心理学的思维模式与理论体系的问题，得来的却是我们称作西方心理学的"本土版"，依此建构的心理学思想也无法摆脱单线性的枷锁。

显然，心理学史的单线性，有碍于我们对心理学发展历程的全面了解和客观认知，也不利于当代心理学的健康发展。虽然近来有心理学史家在编撰心理学史著作时，已经注意到了这一问题的严重性，并尝试多种方法并用，力图克服单线性的心理学史。[7][8]然而，距离这一目标的实现，尚有很大的距离，究其根本，乃是因为单线性的心理学史的形成有其深刻的心理学与历史学背景。

心理学史研究的单线性，首先源于心理学对自然科学客观性的本真追求。独立之初的心理学，走的是照搬成功的自然科学特别是物理学的科学研究模式，所坚持的乃是一种符合论的真理观。在科学主义的视野下，心理学史即对心理学追求自然科学的过程中各类事实的历史叙事，具有客观性和唯一性的特点。正如人文科学的心理学与后现代取向的心理学处于当前心理学的边缘地位一样，有关于它们的历史也相应地被边缘化了。其次，心理学史研究的单线性是心理学家对心理学学科地位的关切与危机意识的反映。只有保证心理学的客观性，才能使得心理学成为自然科学家族中的一员，常见的做法是以范式的更替作为心理学思想发展历史的表述手段。[9]这样，从心理主义范式、行为主义范式到信息加工范式，心理学经历了从神学阶段到前科学阶段，正经历着从前科学阶段到科学阶段的发展，心理学客观性的批评是处于前科学时期的任何学科都要经历的。再者，心理学史研究的单线性，还源于传统史学的历史观，即将历史看作是客观存在的，历史研究就是事实还原。不过，就历史是纯而又纯的客观表达的说法，史学界已有截然不同的看法。

二、后现代主义对西方心理学史研究的冲击与挑战

心理学史有无客观性？心理学史家能否清楚地把握心理学发展过程中的各种历史事实？心理学史史料是客观实在还是自我建构？诸如此类的一些问题，在心理学史的研究中并非没有争议，特别是后现代史观、后现代心理学出现之后。实际上，心理学史家对这些问题的思考，直接源于史学研究中的两种针锋相对的观点：传统实证史学与后现代史学的分歧对学科史造成的冲击。西方传统实证史学始于兰克，他主张史料批评的方法，强调历史乃是科学与艺术的结合，在史料收集和整理的过程中，必须采用科学的方法，排除先见，摈弃价值，以客观无私的中立立场来记述历史事实，而在历史呈现的方式上，则诉诸艺术手法。兰克之后，追随者众，但随着社会科学的迅猛发展，史学与社会科学此消彼长，而实证主义的流行，更是将史学论文历史资料的整理工具，博克豪尔就主张以行为主义作为历史研究的出发点。这种方法论的史学观主导 20 世纪大半叶的史学研究，直到 70 年代，后现代主义思潮对历史研究的冲击。

后现代主义最早见于文学与建筑，后成为囊括几乎一切领域的意识潮流，旨在消解传统：否定基础主义与本质主义，其主旨是取向多维、方法多元、立场多重、观点多样，怎样都行。伽达默尔试图以本体论的视域，来取代方法作为历史研究的不足与缺陷，主张作者与读者之间的融合。巴特抛出“作者之死”，德里达高举“解构”利刃，福特更是宣布实证史学

的死亡。概言之，依后现代主义的看法，历史乃是过去之物，并无力承载过去的事实，不过是一场语言游戏罢了。其实，已逝的过去何尝有死生而言，这些后现代主义者主要意味传统意义下的史学已不存在，他们坚称逝者如斯，历史的符码无复承载真实的过去，史学道破了只是模拟物或语言游戏罢了。[10]这样，传统史学的客观性受到后现代的严峻挑战，在史实与虚构之间形成了一股强劲的张力。

这种张力也不可避免地影响到了心理学学科史的客观合理性。依照传统实证史学之要点建立的心理学史能否做到“纯而又纯”的客观呢？心理学史上许多重要的标志性事件和关键性人物，究竟是基于史实的概括还是一种虚构？如此种种，基于后现代史观，就可能出现不同的理解和解释，甚至出现分别以传统实证史学和后现代史学为基础的截然对立的观点。实证论者坚信心理学历史事件是不以人的意志为转移的客观存在，心理学史家的工作就是最大可能地保证方法的客观，从而记述历史事件。而后现代主义者则坚信，心理学历史是建构的，是心理学史家的语言建构，所谓的心理学事件与史实，都是虚无缥缈的。后现代心理学史家凭借社会建构主义的原理，强调心理学史并非一种“客观实在”，而是史学家的一种话语建构，无“客观”的规律可循。所谓的历史和历史发展规律是“建构”出来的，而不是通过史学家的努力，从浩繁的史料中“发现”的。心理学史是史学家讲述的“文本”，而非历史现实本身。[11]按照这一说法，将1879年冯特建立心理学史第一个实验室作为科学心理学诞生的标志，是心理学史家波林出于师徒之情对“纯科学”的维护，史学家的建构起到了重要作用。[12]而冯特建立实验心理学这一历史事实也并不是基于心理学摆脱哲学成为一门独立的科学这样的目的，冯特要做的，不过是为困境之下的近代哲学寻求可能的出路。显然，基于后现代主义史观的心理学史研究，乃是依据研究目的，并结合了史学家个人主观因素的语言建构。

三、多维视角下的心理学史研究与编撰

究竟应当如何看待历史？又该如何研究和编撰心理学的历史呢？综合比较两种不同的心理学史观，可以发现，基于传统实证史观的心理学史研究，是以客观主义为中心，将心理学史研究的目的定位于揭示心理学发展中的历史原貌，力图摈弃所有主观因素，最终还原“历史真相”。心理学史家以超然旁观者的姿态，立足于大量的历史资料，对心理学特别是成为一门独立科学之后的心理学历史进行了相对完整的描述和概括。诚然，这对于了解心理学的过去，确立心理学的学科地位，培养心理学家的科学情结有重要作用。但是，它却同时造成了西方心理学史的单线性，心理学史最终成为科学主义心理学的附庸和心理科学发展的记述工具，丧失了其作为史学而具有的批判功能。不过，要做到不带任何主观性的客观研究，并不是一件容易的事情，心理学史研究与编撰，不可避免地带有心理学史家的个人因素的影响。那么，心理学史是否如后现代主义所言，是一场语言游戏，是由心理学史家抑或是心理学史的学习者所建构的呢？对于这种观点，我们也应持有审慎的态度。后现代史观对于全面认识心理学史的主观性，了解心理学史研究的目的性与个体性，克服心理学历史研究的单线性，具有重要的意义和价值，但矫枉过正，否认历史事件的客观性，以为历史乃是语言的建构，则陷入了相对主义的旋涡，归根结底，后现代史观下的心理学史也不能摆脱单线性的危机。

既然传统史观与后现代主义均非理想的方法论，心理学史研究又该以何为框架呢？本文认为，应该以辩证唯物主义的历史观，客观正确地认识心理学的历史，实现心理学史研究从单线到综合的转变，既要承认心理学历史事件的客观性与真实性，也要正视历史研究的目的性与文化特征。具体来说，有如下几点：

首先，科学与人文的并举。前已述及，科学与人文是当前心理学中的两种主要传统，长期以来，在追求自然科学客观性的驱使下，形成了重科学抑或人文的偏向，从而造成当前心理学史的单线性。要克服单线心理学史，就必须在研究科学主义心理学发展历程的基础上，正确认识和客观评价与人文传统有关的心理学历史事件，探寻人文科学心理学发展的完整脉络。同时，要充分重视不同地域和文化的心理学历史，避免以偏概全、以点概面的不当做法，从而在更宽更广的范围上来进一步认识心理学历史研究的目的与价值。

其次，内部与外部的结合。历史的进步是内部因素与外部因素共同推动的，心理学的发展也不能例外，因而在心理学历史的研究上，就不仅要重视心理学科内部对于心理学历史事件的影响，也要重视心理学科外部因素对于心理学历史事件的影响。前者以心理学知识发展的内在逻辑为线索，主要包括心理学发展中的各类基础理论问题的进展、研究方法的突破以及心理学知识的更新等。后者以心理学科面临的社会文化环境的变迁为线索，主要包括政治经济文化环境因素、哲学和科学背景、心理学家个人成长历程等。全面准确地研究心理学历史，就是要让心理学知识以其内在的逻辑在社会文化环境中发展，这一点，体现在心理学历史的编撰原则上，也就是要实现“旧史”与“新史”的统一。

最后，“旧史”与“新史”的统一。对于何谓“旧史”，何谓“新史”，总结而言，主要有两种比较接近但不相同的看法。一是将“旧史”看作是“自上而下的历史”，集中讲述大人物和大事件，史称“伟人历史”。“新史”则是“自下而上的历史”它试图描述被“旧史”所忽视的无名群众的生活，集中讨论心理学创立和发展的社会背景、文化渊源和人类活动，史称“时代精神”。[12]二是如黎黑所作的比喻，书写“旧史”的乃是“刺猬”，爱把一切与一种单一的中心观念相联系，专注于用库恩的范式来处理心理学史。书写“新史”的是狐狸，追求多种目标，专注于探讨日常矛盾和人民生活的现实，分析心理学历史事件的特殊性。尽管有不同看法，但无论是重视伟人历史（或范式论心理学史）的“旧史”还是强调时代精神（或社会现实）的“新史”，所构造的均非心理学历史的全貌。完整的心理学史既是心理学家，也是平民百姓所创造的，同时又不可避免地打上时代的烙印。

综上所述，心理学的历史事件乃是客观存在的，但是心理学史家以何种立场来研究和编撰心理学史则是一个主观选择的过程。坚持以传统实证史学作为心理学历史研究的方法论，心理学史的研究终将沦为心理学历史事件的搜集手段，反而遗忘了研究心理学史的根本目的。而否定心理学历史的客观性，主张历史建构论，则有相对主义的嫌疑。归根结底，都是单线性的心理学史研究。唯有开拓视野，打破传统史学与后现代主义在历史观上的线性思维模式，从科学与人文并举、内部与外部结合、“旧史”与“新史”统一的综合视角出发，方能实现对心理学历史的完整把握。“若有更多的心理学家，认识到心理学史研究的重要性，而无论他们所从事的是实证的还是理论的研究，并积极投身到心理学史研究与教学的行列中来，这对于心理学的未来发展，无疑是非常有益的。”[14]

参考文献

[1] Watson R L. Psychology： A prescriptive science [J]. American psychology，1967，22（5）：435-443.

[2] Kimble G A. Psychology’s two cultures [J]. American psychologist，1984，39（8）：833-839.

[3] 叶浩生.西方心理学两种文化的分裂及其整合[J].心理学报，1999，31（7）：349-356.

[4] 彭运石 . 人的消解与重构——西方心理学方法论研究 [M] . 长沙：湖南教育出版社，2009：184-199.

[5] 高峰强 . 现代心理范式的困境与出路——后现代心理学思想研究 [M] . 北京：人民出版社，2000.

[6] Gergen K J. Toward a postmodern psychology [J] .The Humanstic Psycholgist，1990，18（1）：23-24.

[7] [美] 赫根汉 . 心理学史导论（上、下册）[M] . 郭本禹等，译 . 上海：华东师范大学出版社，2004.

[8] [德] 吕克 . 心理学史 [M] . 吕娜等，译 . 上海：学林出版社，2009.

[9] 高申春 . 范式论心理学史批判 [J] . 自然辩证法研究，2005，21（9）：29-32，37.

[10] 黄进兴 . 后现代主义与史学研究——一个批判性的探讨 [M] . 北京：三联书店，2008：4.

[11] [12] 叶浩生 . 心理学的历史编纂学：后现代主义的挑战 [J] . 心理学报，2008，40（5）：626-632.

[13] [美] 黎黑 . 心理学史（上、下册）[M] . 李维，译 . 杭州：浙江教育出版社，1998：2.

[14] Vaughn B K，Rutherford A，Baker D，Johnson D，History' s mysteries demystified： Becoming a psychologist-historian [J] . The American Journal of Psychology，2009，122（1）：117-129.

From single to multi-dimensional
—— A New Perspective Study of the History of Western Psychology

Abstract: The History of Western contemporary Psychology is a single history which compiled with the formation and development of scientific psychology, and based on the perspective of traditional empirical history, The research and compilation of the history of Western psychology face the new requirements from the post-modern history. This paper analyzes the meaning and value of the two dialectical view to the History of western Psychology, and the necessity and possibility to build a complete history by the multi-dimensional perspective: the equal attention of science and humanities, the integration of internal and external, the unified of "old history" and "new history".

Key words: History of Psychology; scientific psychology; objectivity; Postmodernism